今天學
經濟學
了沒
一週讀完
張昱謙
著

編輯小語

認識經濟學，一週時間恰恰好！

※ **一週讀一科目，不躁進，不累贅**

三小時讀通經濟學太不可思議，一個月又太久，本書針對「一週學好一科目」的目的，為讀者規畫適當學習進度，從週一至週末，精心安排「導論」、「起源與發展脈絡」、「重要人物與理論」、「學科分支」、「用經濟學看世界」、「放下書，用經濟學聰明買房」等單元，幫助讀者在短時間內迅速掌握經濟學大要。

※ **系統性學習，按部就班有效率**

各單元採系統性介紹方式，讓讀者先了解經濟學的起源與發展歷史，再認識諸位名家及其理論，最後介紹經濟學與其他學科激盪出的新學門。全方位掌握經濟學，非一個蘿蔔一個坑式的填鴨學習。

☼ 開放式課程理念，超越時空，打破藩籬

本書以開放式課程為設計理念，強調無累式自我進修，讀者可依自身能力選擇學習內容，隨時隨地利用零碎時間輕鬆閱讀。同時，致力於內容簡潔明白、一看就懂，打破經濟學知識難以跨入的限制，非本科生、一般上班族皆可盡情閱讀。

☼ 持續性複習，學習目標易達成

按日規畫「3分鐘重點回顧」章節，讀者每日均能迅速且有效地複習所學，既省時又省力。同時，快速瀏覽頁底「重點Snapshot」欄位，也能即刻掌握各章節重要內容，重點不漏過。

☼ 用經濟學看世界，Q＆A解決疑難

週五特別規畫「用經濟學看世界」單元，細心挑選日常生活相關經濟學問題，逐一提出解答，破除讀者既有的誤解與迷思，重新發現經濟學的實用與價值。

☼ 放下書，實踐所學，印象最深刻

週末設計「放下書，用經濟學聰明買房」單元，將所學應用於聰明購屋上，理論知

識學以致用，切身感受經濟學對生活的影響，不再只是書本上的空談；既能刺激學習，更能學得實在。

☼ **經濟學小詞典，重要概念一目瞭然**

針對文章內容提及的經濟學重要理論及觀念，另以「經濟學小詞典」欄位標出，陌生專有名詞迅速掌握，即刻理解。

☼ **圖解經濟學，有圖最易懂**

針對稍微複雜的文字說明，另以「圖解」欄位畫圖呈現，搭配圖示說明，學習不枯燥，更不艱澀。

☼ **名家軼事，窺探趣聞**

課本裡看不到的經濟學大師成長故事、交友、求學過程、戀愛、人生經歷等軼事，「名家軼事」欄位特別介紹，讓讀者身歷其境，親炙大師風采。

☼ **大師語錄，人生指南**

收錄諸位名家的雋永名句，分享大師的人生智慧，激勵自我學習。

CONTENTS 目錄

Day 03

Scholar & Theory

星期三　重要人物與理論 …… 109

Day 04
Discipline

Day 05
Q & A

CONTENTS
目錄

Weekend Practice

Day 01
Monday

星期一

導論

-Introduction-

你曾想過景氣循環和交通混亂之間的關係嗎？你曾好奇夜市小吃攤的生意和ＧＤＰ的相關性嗎？你是否曾思索選舉時沒有人會因為關東旗的數量而決定投票行為，但候選人為何還是到處插旗？如果你曾抱持任何懷疑態度思考一些人類的行為現象，你一定會對經濟學產生興趣；如果答案不是如此，你更該重新認識經濟學！

什麼是經濟學？——經濟學的定義、主題及探討方法

學**經濟，先從一句簡單的問候開始**：你吃早餐了嗎？為什麼是燒餅豆漿，而不是漢堡薯條呢？不能否認，在我們的人生旅途中，充斥著各式各樣的選擇，從微不足道的一頓早、午餐，到購屋買車等重大投資，即便是不假思索的反射動作，例如看到紅燈會踩剎車。**這些抉擇背後大多帶著豐富有趣的故事，吸引著我們加以反思及探討**。好比吃早餐這件事，選擇燒餅豆漿可能只是因為離家近，也合自己的胃口；更有可能只是因為快速方便，不會耽誤上班時間。雖然我們時常忽視這些日復一日的行

為，但對於早餐店老闆來說，這問題就顯得有意義多了。

經濟學並不是高深的數學，那只是一種學習經濟學的工具，甚至有好幾個諾貝爾經濟學獎的得獎論文不靠數學而獲獎；經濟學更不是只有討論GDP和景氣狀況的數字，否則我們不會看到「法律經濟學」、「醫療經濟學」、「政治經濟學」等的應用。經濟學對於我們的重要性遠比我們想像的大，原因在於人類絕大多數的行為，依循著**理性自利**的本能，背後總有線索可循。

相信仍有不少人好奇想問：「經濟學那些供給曲線或其他定理，與現實世界嚴重脫軌，我們為什麼還要了解經濟學？」甚至美國一位大學經濟學教授也曾諷刺：「經濟學最大的功用，就是提供經濟學家就業機會。」儘管這些笑話中帶有許多無奈，但是什麼樣的魔力，讓經濟學這門學問至今屹立不搖，甚至蓬勃發展至其他學科領域呢？

沒錯，就是**邏輯**！學習經濟理論，不是為了遵守或將其奉為聖旨，然後加以套用，而是要培養一種**快速且正確的直覺判斷能力**。當我們面對人類千奇百怪的經濟行為時，總是能夠保持清晰的思辨與討論。

要了解經濟學，不需要高深的數學，也不需要死記理論公式；和其他學問一樣，

重點Snapshot 無論是怎樣的決定，「如何抉擇」的思考過程就是一種經濟行為，而窺探並討論所有背後故事的起承轉合，就是所謂的「經濟學」。

我們要先了解經濟學的定義，因為理解了定義，才能知道運用目的，也才能發現運用的方式。

大多數的學問都經過了相當久時間，才有現在的定義。經濟學也不例外，它最初只單純地在哲學上作探討，後來歸入政治學範疇，最後才獨立成為專門的研究學科。不過在這些變化過程中，有項唯一不變的道理，就是「**理性**」。如果人類沒有理性存在，經濟學也許就不會存在。

西方定義　理性人的假設

西方經濟學的概念或定義，大致有三個時期的改變。無論如何，要了解經濟學，得先從「經濟」的英文「economy」開始。

economy 這個單字可以拆解成兩部分：eco- 源自古希臘文字根 Oikos，是「家園、生活圈、內在循環互動」的意思，同樣字根的還有生態學（ecology）。-nomy 這

圖解：何謂「經濟」

如何理性的思考，串起人與萬物的互動，這就是經濟！

個字根則是「準則」的意思。如果按其字面解釋，economy的意思即是「**生活圈裡人與萬物互動的方式準則**」。

（一）理性是人類的本能之一

請試著把記憶拉回到五歲。小時候和朋友玩捉迷藏時，我們為什麼不會當「抓耙子」背叛其他朋友？因為我們知道如果經常破壞規則，那樣不僅不好玩，以後更沒有人要找我們玩了。接著，再想想一個有趣的例子，國小時老師規定寫暑假作業的時間，我們準時完成了幾次？為什麼時常不聽話呢？因為我們常常遇到朋友邀約卻又要寫功課的窘境，此時我們心裡就會盤算，如果寫完作業再出去玩，到時可能就只剩自己一人了。這些例子似乎都有一個原因在推動，但又難以描繪。其實不然，這些抉擇的動力就是經濟學最常提到的「理性」，而**理性往往出於生存本能**。

（二）生活有理性，理性過生活

我們再把「理性」這個概念放進生活圈來思考。理性是生存的本能，目的當然就是為了求生存。人類有史以來就呈現群居的生活模式，經過許多歷史文化的演變，漸

博君一粲　經濟學家每次都能成功預測五次景氣衰退中的九次。

漸發現到分工合作比單打獨鬥更有利於生存，於是產生了部落生活，就像《賽德克．巴萊》裡面的部落一樣。

在這個生活圈中，經過不斷的爭吵和思想衝擊，制定了部落的規範、習俗或法律等，避免有人蓄意破壞生活方式，最後也間接促使分工制度趨於穩定和完整。而economy泛指這一連串互動過程依循著生存的理性，所以「理性的生活方式」也就是「生活圈內互動的方式準則」。

從這古老的字面解釋中，帶出了一項頗為重要的觀念，那就是**「理性行為」與「社會整體利益」的平衡**。想看看，如果你是賽德克族的一員，你可能被分配到上山打獵，因為你孔武有力，平均每天可以打兩頭山豬回來。但你最喜歡的工作其實是在溪裡捕魚，不過因為能力有限，平均每天只能捕捉兩條小魚。這時即便你對上山打獵有千百個不願意，族人還是希望你去打獵，因為你去捕魚可能造成部落食物量降低，其他族人不開心，你也會過得不開心。所以最後你會選擇打獵，讓部落的食物量達到最多，至於捕魚，就會變成你閒暇時的興趣。

上面部落生活的例子告訴我們，每個人的理性受到不同的生活背景、教育、資訊完整度等影響和約束。所以，這社會有沒有一個理性的最大公約數？法律制度又該循著怎樣的理性來制定？而每個人不同的理性思考方式，又會帶給社會什麼樣的生活方式？經濟學的討論大門就從這裡開啟。

古希臘偉大的哲學家亞里斯多德（Aristotle），將理性概念放在他的倫理學論述裡。亞氏認為，經濟和政治密不可分，因為大部分個人追求滿足的行為不可能百分之百自主，一定會受到外在環境的影響，如何取捨且兼顧外在互動，就是一種政治和經濟行為的討論。所以理性隨時、地、人、物而有不同，即便在同一件事上，每個人都會有不一樣的行為或動機，因此經濟學有一個古老定義：「**討論生活圈裡的理性互動關係，是倫理學和政治學的一支。**」

（三）我們都理性，但方式不同

媽媽買了兩片一樣大的披薩給你和弟弟吃，你明明很想兩片都吃掉，但還是會將一片分給弟弟，為什麼呢？其實有太多因素了，可能我們擔心如果把兩片披薩都吃掉，會引來媽媽的責罵或弟弟的哭鬧；或者有人想到如果不遵守媽媽的約定，以後就不見得有披薩吃了。當然還有其他考量導致我們不會獨占兩片披薩，可見在追求滿足的過程中，必定受到許多約束，因為我們有理性，懂得考量後果。

重點Snapshot 西方經濟學的古老定義：討論生活圈裡的理性互動關係，是倫理學和政治學的一支。

由於每個人考量的後果都不一樣，所以在互動上造就了**資源配置**的問題。就像分披薩這個例子一樣，一定也會有人選擇去問弟弟可不可以分一半給他，搞不好有機會。而深入到資源配置的問題，就進入現代經濟學的領域了。**從理性出發，探討資源該如何使用**，就是現代經濟學的概念。

一直到十八世紀中，亞當．斯密（Adam Smith）的經濟學巨作《國富論》（*The Wealth of Nations*）問世之後，經濟學正式有了較為嚴謹的系統和範疇。亞當．斯密透過對於理性的假設，以及英國當時社會經濟現象的分析，包括土地、資本、勞力（生產要素）、產品價格、收入（生產總值）、資源分配，以及國際貿易和自由貿易等，結合生產效率與效益有關的思辨，開啟了現代經濟學的定義，為經濟學研究點亮了一盞明燈。特別是他所提出的一個重要概念「看不見的手」，開啟了現代經濟學對於均衡、效率等觀念的重視。

每個時代的經濟學皆有不同範疇，因此產生不同的定義，但有一個基本的核心問題：「**資源有限，欲望無窮。**」以及一個最基本的假設：「**人類的行為出自理性。**」所以經濟問題是人類有史以來不曾間斷的問題，且隨著科技進步及人口增長，促使資源更少而欲望更多，問題於是愈加複雜。但相對地，我們是否也能利用這些技術的進步，找到更有效的資源配置或選擇方式，使人類生活更好呢？這就是經濟學最有趣也最受重視的面向。

東方定義　經世濟民之道

（一）經濟學就是「經世濟民之學」

在清朝以前，經濟這兩個字泛指「經世濟民之道」，也就是「治理國家、救濟百姓」的意思，這概念很像亞里斯多德當初對於經濟和政治的論述。一個很不同的地方是古代西方關心理性生活互動的關係，而中國從春秋百家爭鳴以來，雖無直接發展經濟學的概念，但「經世濟民」的內容多是關注統治階層實施德、仁、愛、義等的發展結果，例如孟子說：「仁民而愛物。」意思就是君王要適當地珍惜資源，以利百姓使用。《禮記．大學篇》也提到：「有德此有人、有人此有土、有土此有財、有財此有用。」亦是提醒君王以德待人，好的人才就會前來幫助開發國土。有了國土的開發，

重點Snapshot　西方經濟學的現代定義：一種研究和思考方式，探索人類所有的社會行為、理性行為及資源分配均衡的結果。

才有財貨的累積；有財貨的累積，才能治理國家並穩定社會。

古代中國也有不少專門探討「經世濟民」的相關文獻，例如周朝「井田制度」、西漢「鹽鐵論」等。前者提到土地管理和賦稅之間的問題，後者雖然只是當時的會議紀錄，但討論內容圍繞在民生必需品的分配方式。這些文獻雖然仍以統治管理的手法為主，不過思考邏輯無論在東方或西方的經濟思維裡，都相當重要。

（二）引入西方經濟學成為主流

中國學術界正式銜接上西方經濟學的觀念，可追溯到清末自強運動派遣留學生出國深造開始。這批學生當中，梁啟超、康有為等人在戊戌變法時，將經濟特科列入科舉考試正式範圍之一，雖然內容並不是當時西方世界所討論的供給需求等問題，但此舉突顯中國對於「經濟學」專業發展的肯定。後來孫中山先生、胡適、嚴復等人帶來了更多西方經濟思想的內容，特別嚴復翻譯了《國富論》，為中國經濟學術的發展奠下基礎。

名家軼事

康有為、梁啟超這對師徒雖然都對近代中國由封建制度轉向資本主義貢獻匪淺，但兩人關係其實不睦，性格也大相逕庭。康為人故步自封，墨守成規，梁則坦言「吾愛孔子，吾尤愛真理；吾愛先輩，吾尤愛國家；吾愛故人，吾尤愛自由」。

同樣也是因為結束鎖國政策，日本比中國更早接受西方的經濟學思想。在台灣的我們深受這兩個國家的影響，所以不難發現有些經濟學的名詞其實源自日本，例如「通膨」。但無論東西方最初對於經濟的定義和概念發展如何，至今全世界皆殊途同歸，相信經濟學的研究就是一種人類的行為科學研究，而不再限縮於一般印象中的經濟領域。

現代的經濟學，特別是加入了物理和計量的概念之後，時常被說成是一種方法學。經濟學從過去偏向哲學的假設和推論，走向更客觀、更可以測量的學科。不管未來經濟學發展如何，還是會圍繞在「**理性、效用、效率、供給與需求、均衡**」這五個課題。

關於經濟學的定義，美國經濟學協會（American Economic Association，簡稱ＡＥＡ）的網站裡有更完整的介紹，對於經濟學分類範疇也有所規範。該網站提到：「**經濟學就是人們如何利用資源的一門學問。**」（Economics is the study of how people choose to use resources.）ＡＥＡ同時是目前全世界經濟學研究發展的重要推手，想深入了解各式各樣的經濟學，不妨花些時間至ＡＥＡ網站仔細去瞧一瞧囉。

重點Snapshot 東方經濟學的古老定義：經濟兩字泛指經世濟民之道，即治理國家、救濟百姓。

理性、效用、效率、供給與需求、均衡

經濟學丟了五花八門的問題出來，這些問題的背後其實都可以由幾個主題表示。讓我們先回想一下任何經濟學叢書裡最常出現的幾個名詞：「理性」、「效用」、「效率」、「供給與需求」、「均衡」。沒錯！經濟學探討的主題，不外乎就是由這五大面向構成。

五個主題並不各自獨立，反而互相影響著彼此。這很抽象也很有趣，一個學習這些基礎的最好方法，就是試著把自己置身於例子之中去感受。可以的話，學著去反駁和挑戰，久而久之，經濟學很快就可以上手囉。

（一）主題一：理性——什麼樣的動機（誘因、訊息、目的），造成什麼樣的行為

所有經濟學探討都會假設人類是理性的動物，但什麼是「理性」呢？前面介紹定義時曾提出一些想法，但這問題儼然是個哲學大哉問！

在經濟學裡，我們所假定的理性通常是指：「**人類追求自我最大效用的舉止行為。**」套句古老的諺語：「人不為己，天誅地滅。」正因為人類的選擇大多時候遵循自我效用的最大化，經濟學既然在探討人類行為現象，以「理性人類」為前提假設，確實有其道理。

從逛夜市了解理性

假設夜市恰巧有兩家賣雞排的攤位，A攤位一份四十元，B攤位一份四十五元，你只想吃一份，且身上只有五十元，A和B你會怎麼選擇？相信這個問題問十個人，可能會有十一個答案。有人只考慮價錢，有人考慮口碑，有人考慮排隊時間，一定也有人三個因素都會考慮，更有人只是隨性挑選。無論如何，考慮的過程都是一種「理性的行為」。不過從這個問題再深入思考，我們通常都是理性的，但面對同一個情境，我們的「理性思考過程」會一樣嗎？或者說，我們思索的優先順序是一樣的嗎？

答案鐵定是：不會。別人表現出來的理性行為，在我們眼中有時是很奇怪的，主要原因在於我們無法理解他人背後的用意。除此之外，理性追求自我效用極大化，但其中這個「自我」往往在現實生活中並非只單純考慮到自己，就像「犧牲小我，完成

重點Snapshot 經濟學的五個探討主題：理性、效用、效率、供給與需求、均衡。

大我」難道是非理性的行為嗎？未必喔！此類問題在倫理學裡有許多的討論。經濟學過去被視為倫理學的一部分，所以針對「理性」的討論，並不是個虛無飄渺的思考。

☼經濟學首要探討影響理性的因素

既然已經把理性當作前提，那麼經濟學如何討論理性呢？一開始提到賽德克族的生活方式，後來提到媽媽分披薩的小故事，我們不難發現一件事：**理性的選擇過程受到訊息多寡的影響**；簡單來講，就是思慮周不周延的問題。因此在經濟學世界裡，時常會去探討某種社會現象存在著什麼樣的理性行為，或者一些看似不合理的現象，背後的理性行為是否受到某些因素影響。例如我們知道油價上漲必須勒緊褲帶過日子，但是有些東西價格愈貴卻愈多人買。同樣都是價格變貴，卻有著不一樣的行為，可見理性行為背後有許多有趣故事值得探討。

還有一個更鮮明的例子，就是樂透。大家都知道樂透中獎機率非常低，我們花五十元買一組號碼，幾乎百分之九十九都會鎩羽而歸。可是當我們看到獎金累積很多的時候，便會有一堆人去買，這又該怎麼解釋呢？聽來有點像心理學，不過經濟學家有一套自己的解釋。

簡而言之，經濟學所要探討的理性，很大一部分的課題就是**「理性的成因」**。什麼樣的動機造成什麼樣的行為，什麼樣的資訊又會造成怎樣的行為，這是經濟學最大的課題。

（二）主題二：效用——討論效用的變化、影響以及限制

「你快樂嗎？我很快樂！幸福嗎？很美滿！」這些過去經典的台詞，其實也是經濟學要探討的核心主題之一——「效用」（utility）。在經濟學裡，效用不同於**效益**（benefit），更不同於**效率**（efficiency）。效用指的是我們自身對於某種行為所得到的**滿足程度**，是經濟行為的目的。

☼用數學給予「效用」一個定義

翻開經濟學課本，我們很常看到「效用函數」這四個大字，相信很多人看到函數就會聯想到數學，然後頭就昏了。其實數學只是輔助工具，理解效用可以不必透過數學來說明，因為效用時刻發生在我們身上，是一種很主觀的判斷，就像開頭問到的「你快樂嗎？我很快樂」。坦白說，光憑這樣的回答，我們還是很難想像你到底有

重點Snapshot 我們都理性，只是思考的路徑不同！學經濟就是要了解「理性的成因」。

多快樂。換個角度想，你的快樂程度和我的快樂程度一樣嗎？多數時候，我們會**以數量表示滿足程度**，舉例來說，每次和男生朋友去吃水餃，大約每個人要吃十五顆才會飽。我們也很清楚，葉問一次打十個是為了表達自己的憤怒。而最常見的其實是問卷，我們很常看到問卷調查以「五分」量表來表示情緒的程度多寡。

※去除主觀文字，討論效用

為什麼要這樣量化呢？想要有效觀察和討論一個社會現象，就不能一直流於形容詞的主觀描述。例如有人說：「政府蓋了捷運之後，交通變得很便利。」這句話乍聽之下好像真有道理，但到底有多便利呢？如果只有三十%的人感受到便利，這樣算是便利嗎？因此，基於討論的必要，我們要試著把這些主觀感受量化，而**數學**就是用來將這些主觀想法具體化的工具，提供我們一個計算的可能。這個計算方式也就是所謂的**「效用函數」**，亦即效用的變化方式和程度。

效用函數只單純考量「獲得的數量與滿足程度之間的變化」，不需考慮實際的限制條件，例如預算限制、生產要素限制等。而效用有時也可以用排列的方式來表達，例如晚餐有排骨飯、魚排飯、焢肉飯，對我來說，控肉比排骨好，排骨又比魚排好。

所以當我今晚吃了焢肉飯，可以輕易推論出一件事：我一定比吃魚排飯還要開心。

有了效用函數，經濟行為就能以更多邏輯方法來推論，這就是把它量化的最主要目的。

效用無時無刻在改變

經濟學相當嚴謹地審視「效用函數」的設置，因為用錯效用函數，通常就代表著一個論證的全盤錯誤。

這裡有一個水與鑽石的著名例子：大多時候，因為鑽石在市場上貴得驚人，送人鑽石往往比請人喝一杯水還要開心。不過，當你在沙漠裡行走時，眼前若有一杯水和一顆鑽石，你只能取其中一樣，相信所有人都會毫不猶豫地選擇那杯水。原因很簡單，此時此刻一杯水的效用遠遠超越一顆鑽石。相反地，如果你跟別說人因為鑽石很貴重，無論什麼情況都該拿鑽石才對，顯然就是一個相當錯誤的運用。從鑽石與水的例子，大家隱約可以領悟到一件事，就是「效用」隨時、隨地、隨對象一直在改變。我們當下的效用函數，在另一種情況裡可能完全不適用。所以當我們討論經濟學時，效用必須嚴謹地假定，絕對不能錯把馮京當馬涼。

重點Snapshot 人類的經濟行為就是為了得到效用，所以理性和效用是經濟學的根本核心。

☼欲望無窮，個別效用並不無窮

經濟學為什麼要討論效用、又該如何討論呢？讓我們回想一下前一節所說的理性行為：追求自我最大效用的行為，就是經濟學定義的理性。由此可見，「**獲得效用**」就是人類經濟行為的目的。但是就像上一段所說的，效用隨時隨地在改變，因此經濟學有很大一部分在討論效用的「**變化**」、「**影響**」以及「**限制性**」這三個主軸。

關於效用的變化，舉個例子來說，當你肚子餓時，一個排骨便當可以讓你獲得滿足，但要求你再吃第二和第三個時，你可能就要翻臉了。這就是所謂「**邊際效用遞減**」的概念，如表一所示，吃一個便當時邊際效用為七十五，吃三個時邊際效用就變為零了。但是也有例外情形，例如薪水，一般人不會拒絕加薪，而且永遠不嫌多，不過公司通常不會這樣做。關於效用的變化，也跟下面要談的「**需求**」緊密相關。

表一：邊際效用的遞減情形

便當數量	總效用	邊際效用
0	0	
1	75	75 – 0 = 75
2	100	100 – 75 = 25
3	100	100 – 100 = 0

至於效用的影響，又是另外一個有趣的討論。賽局

理論中的囚犯困境，假設每位犯人都追求最小的刑期，結果卻不如預期。彼此間追求效用最大化的理性行為出了什麼問題呢？近年來環保意識抬頭，企業追求利潤最大化的結果是造成環境嚴重汙染，導致社會成本增加，因而受到了制裁罰款，可見利潤最大化不見得是最好的目標。當各個效用互相影響，經濟學家經常由此去推測、判斷，試圖找出管理方式或者合作方式。

效用的限制更是經濟學最常討論的問題。實際上，我們買東西一定有預算限制，限制會影響我們的滿足程度。當追求效用最大化受到了限制，無法達成此目標，我們該怎麼辦呢？是尋求該限制下的最佳效用，還是乾脆等待機會下次再來？

經濟學觀察的對象是人，凡人必有欲望，有欲望就會有自利行為與滿足程度。所以**理性和效用**，是經濟學最根本的核心，也是討論經濟學必須先擬定的兩個大前提。理性像是經濟學的心臟，而效用像是經濟學的血脈。後面章節要提到的「效率」、「供給與需求」、「均衡」，都是這兩個核心主題的延伸。

（三）主題三：效率——如何將資源作最有效的運用和配置

一般上班族時常誤認為很快把事情做完，就是有效率，其實這只說對了一半。另

重點Snapshot 經濟學要討論效用的變化、影響及限制。

一半常被忽略的考量是：事情有沒有做好呢？還有一件有趣的事存在於各商業活動中，不知曾幾何時，「經濟」這兩個字也被當成是一種「**便宜又大碗**」的商業概念，例如經濟套餐、經濟搭配、經濟大特價等等。姑且不討論經濟學裡的「經濟」是否真的等同於上述的商業概念，至少有一個道理是相通的：我們一直在期盼用最小的資源，得到最好的結果。這也就是這一小節要提到的主題——效率。

☼效率就是資源被運用的指標

各個領域對於效率都有不同定義，用法也不盡相同，例如學過物理的人知道車子燃燒汽油會產生動力，如果這個動力能夠百分之百被運用，我們會說這個過程效率很高。簡單來說，有效輸出能量與輸入能量之比，就是物理學一般所稱的「效率」。而在投資學裡，一段時間內的投資報酬率，也就等於你的投資效率。

說明這兩個不同的「效率」用法，不難發現即便用法不同，最根本的概念是一致的，「效率」就是指「資源利用和效用之間的分析」。經濟學既然是在探討人類的行為，如何運用資源來滿足自我，「效率」便是一個衡量的指標。

不是追求高效率，而是效率的取捨

在人類活動中，資源有時候是無形的，有時候是有形的。人類為了滿足自身的需求，必須利用資源，這是顯而易見的道理，但我們該怎麼運用身邊的資源呢？比較好的運用方法是什麼？經濟學之所以要討論「效率」，就是想解決這些問題。簡單來說，就是一方面要找到較好的資源使用方式，另一方面討論如何「取捨」，也就是「效用和效率之間的取捨問題」。

找到更好的資源使用方式容易理解，就好像煉油廠提煉汽油之後，因為石化技術的進步，剩下的原料絕不會直接丟掉，還能透過下游石化廠形成更多可供使用的材質。「取捨效率與效用」比較難懂一些，因為這涉及我們到底「該達成什麼目的」。

讓我們回想一下夜市買雞排的問題，你身上有五十元，A攤位的雞排四十元，B攤位的雞排貴五元，而兩家獲得的飽足感一樣。如果A攤位要排隊二十分鐘，B攤位只要排隊三分鐘，這時經濟學家可能會問你：你的一分鐘值多少錢？如果我們想要將時間拿去逛其他攤位，有著寸金難買寸光陰的心態，你的每一分鐘就有大於一元的價值，此刻最有效率的作法當然就是去買B攤位的雞排。你多花五元，卻省下十七

大師語錄 效率是把事情做對，效用是做對的事情。——彼得・杜拉克（Peter Drucker）

分鐘，是一件划算的事。但如果你必須留下十元坐公車回家，買完B攤位的雞排後，身上只會剩下五元，這不只是一個沒效率的選擇，還是一個令人傻眼的決定。換句話說，買A攤位的雞排讓你有剩餘的錢坐車回家，但是你負擔了更多排隊時間，逛夜市的效用因而減少；買B攤位的雞排讓你無法坐車回家，可是多出的時間讓逛夜市的滿足感增加許多。取捨的學問，就在其中。

從買雞排的例子，也可以看出一件事：限制效用的因素有很多，錢、時間、距離、數量……等等，所以要討論這個經濟行為是否有效率之前，我們必須先確認我們的目的，是想節省時間多逛一下夜市，還是能夠回家。所以經濟學的效率是一個「**相對概念**」，在同一個「效用目的」裡比較效率的高低，是有意義的，但如果有不同的「效用目的」，效率的比較就有很多問題要討論了。

✲高效率不見得帶來高效用

經濟問題環環相扣，套一句古語：「我不殺伯仁，伯仁卻因我而死。」我們不知道這件事，不代表這件事沒有因我們而改變，這就是經濟學所講的「**外部性**」。換個角度思考，當我們在追求效率的同時，其實也有可能暗藏失敗的玄機，反而導致效用歸零。

舉個例子來說，政府蓋捷運目的，是為了改善城市的擁擠交通。假設一百億元的預算，可以讓三十％的民眾通勤時間獲得改善，二百億元的預算，可以讓七五％的民眾獲得改善，我們直覺會說後者的效率較高，效用也較高。但是後者方案會排擠其他預算支出，例如警政消防預算。假設前者方案不會造成犯罪率上升，而後者造成犯罪率上升二十％，此時後者雖然存在較高的改善效率，卻不一定是對整體市民最有效用的作法。究竟什麼該考量，什麼可以忽略，有時很難抉擇，這中間還涉及了許多政治和哲學的討論。

可見高效率不見得帶來高效用；同樣地，低效率也不見得就是低效用。獨占廠商的生產作業並不考量最高效率，但對廠商而言卻有最高效用，這也是個鮮明的例子。有關效率的探討，不是只有高低問題而已。

（四）主題四：供給與需求——效率與效用的基礎討論

經濟學老師常會說：「能夠理解供給需求曲線，經濟學概論這一科目基本上就修完了十之八九。」其實這是有道理的，上面提到的三個主題——理性、效用、效

重點Snapshot 同樣目的，效率才有比較的意義；不同目的，彼此效率不具意義。

率——該怎麼計算或衡量呢？沒錯，就是將它們放入供給需求曲線來說明。我們就先從最基礎的「需求」、「供給」概念開始吧。

凡有需求，背後必有效用

需求，顧名思義就是我們對於某物或某種行為的數量欲望，在經濟學裡，通常會搭配價格來探討，並畫成需求曲線。例如去市場買菜，看見蘋果一顆十元，你願意購買十個；隔天漲價成一顆十五元，你可能只剩下買六個的欲望；再隔天漲價成一顆二十元，你可能乾脆只買兩個。這些價格和數量的關係，就是「需求」。

不過，既然需求是一種欲望，不免俗地得想到效用。在經濟學裡，需求通常可以由效用函數推導出來。舉例來說，肚子餓時，吃一個排骨便當可以獲得七五％滿足感，吃第二個可以獲得剩下二五％滿足感，吃第三個時你就翻臉了。為了達到七五％滿足感，你願意付一百元購買排骨便當，但為了獲得另外二五％滿足感，你還願意花一百元嗎？無論如何，我相信要你再花一百元買第三個排骨便當，你真的會生氣。

再換一個更簡單的角度來說，當購買數量愈多時，大多數人都會希望廠商有折扣，例如便當買十送一。經濟學之所以要討論需求，就是要知道人們願意付出多少價格，去獲取每一新增物品帶給他們的效用，從而進一步討論有效率的經濟行為和決策方案。

☼凡有供給，必有資源利用

供給的概念其實和需求一樣，只是觀看的角度剛好相反。我們買便當是為了飽足，但便當店老闆也有自己的效用，就是他對賺錢的欲望。想像我們自己是老闆，如果一個排骨便當定價為一百元，你期望一天可以賣一百個；如果定價為八十元，你期望一天可以賣一百五十個，以此類推。這些價格和你願意賣出數量的關係，就是「供給」。

經濟學討論到供給時，通常也是用價格來衡量，因為供給者會想供給，經常來自於供給者對收入的需求；進一步來說，供給者期望收入增加，一定會考慮到成本，而成本又是一種資源配置（效率）的討論。假設一間公司有一項產品委外製作，以兩千元的工資請一個人來做，他可以在一天內完成；也有可能請兩個人來做，每人工資九百元，也是一天內可以完成。當然，這間公司更有可能找三個人來做，一個人給工資五百元，也是一天完成。這些組合所達到的效果都一樣，將這些組合製成圖表，就

重點Snapshot 探討價格和數量之間的關係，就是經濟學所要探討的供給和需求。

是所謂的**「生產可能曲線」**。這個曲線很重要，因為可以從這裡推導出供給者的供給曲線。怎麼說呢？我們從剛剛的例子來說，假設產品的成本是一千五百元，那麼供給者在市場上定價這個產品，就至少得在一千五百元。經濟學之所以要討論供給問題，就是要了解資源配置的效率使用情形，進一步提供生產策略，然後滿足供給者的效用。

簡單認識了經濟學裡的「供給」和「需求」，你會發現怎麼好像又在效率和效用裡頭打轉。其實一點也沒錯，如同一開始所說的，「理性、效用、效率」這三個主題，經常透過供給和需求的概念來討論。至於這中間的行為拿捏，或者我們最常掛在嘴邊的好政策、好方法如何判斷，就要靠下一節所提的「均衡」了。

（五）主題五：均衡——理想經濟行為的追求

在經濟學裡，**均衡**（equilibrium）不同於平衡（balance）。平衡是兩邊等值的意

圖解：生產可能曲線圖

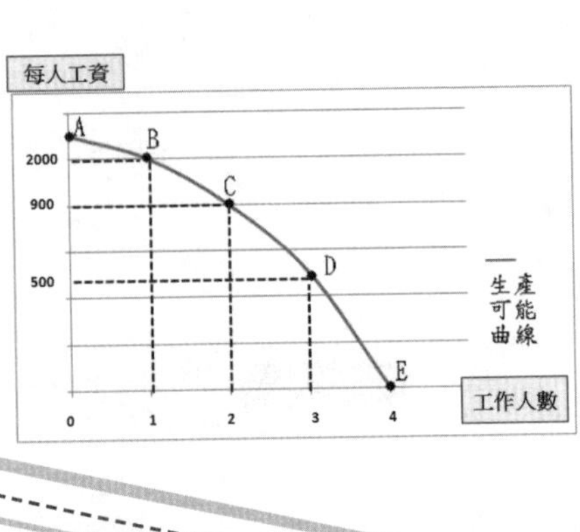

思，例如彼此數量相同。均衡則是指供給和需求雙方都不會有過多或不足的問題發生，是一種狀態的描述。

舉例來說，好久以前台灣曾出現葡式蛋塔旋風，蛋塔需求量突然暴增，幾乎每家蛋塔店每天都會被搶購一空，這就形成了所謂的「**超額需求**」。後來蛋塔店如雨後春筍般出現，蛋塔隨手可得，消費者普遍感到膩了，不再追求潮流，葡式蛋塔旋風於焉落幕，店家也一間間關門，這過程就是因為需求量的減少，形成所謂的「**超額供給**」。直到最近，蛋塔的需求和供給不再存在大漲大落的現象，我們便可以簡單地說，市場已經處於一個均衡的狀態。

均衡並不穩定

均衡確實是個理想狀態，也是供給需求雙方最能接受的結果，但它並非無法改變，且改變有好有壞。經濟學之所以要討論均衡，就是為了理解改變理想狀態的原因，以及這些離開均衡點的經濟行為會有什麼樣的結果。

日常生活中有許多均衡點變動的例子，例如一到夏天，各便利商店無不全力使出飲料特價方案，吸引顧客上門購買。一瓶二十元的綠茶，在A便利商店有可能抽到

重點Snapshot 均衡是供給和需求雙方都沒有不足或過剩的狀態。均衡隨時都會變化。

二折的優惠，而在B便利商店一次買兩罐，第二件就有六折優惠。明明二十元賣得好好的，為什麼要破壞這個規則呢？原因就在於到了夏天，一般人對於水分的補充需求相當高，所以購買飲料的需求有成長的潛力，原先的均衡點因為需求增加而開始變動。商家為了搶占這多出來的購買需求，紛紛降價求售。雖然平均說來，折扣後一罐飲料賺的錢比賣二十元時來得少，但因為量大，整體營收會上升，這也就是一般商場上常聽到的「**薄利多銷**」概念。所以，並不是廠商刻意要破壞原有的均衡點，而是均衡點本身就非一成不變，商家隨時掌握情況，提出策略加以因應。

均衡的變動有時也會帶來壞的影響，最明顯的例子就是「**削價競爭**」。也許在價格和選擇性上，折扣對消費者而言不啻是一件好事，但商家為了獲利而採取更多降低成本（cost down）策略，例如壓低薪資、降低品質，甚至忽略環境等，到最後廠商不見得有利潤，僅僅能維持營運，正所謂「殺頭生意有人做，賠本生意沒人做」。對一個國家的整體發展而言，過多的削價競爭也不是件好事。

圖解：供給曲線、需求曲線與均衡

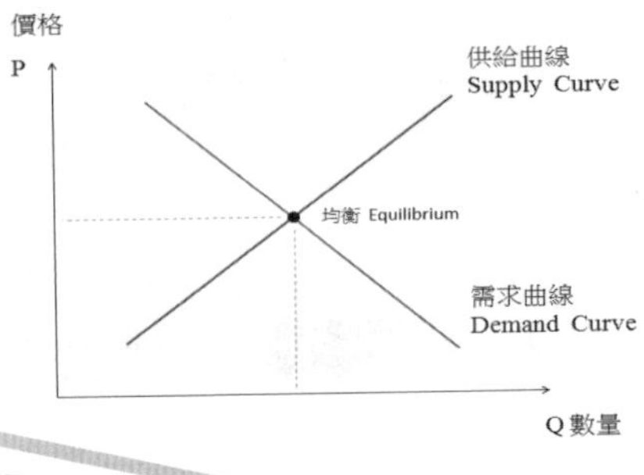

※了解均衡，就是要了解行為變化

由於均衡隨時隨地受到供給方或需求方的影響而變動，經濟學家會試著找尋變動的原因，更重要的是要由此導正**「市場失靈」**（market failure）的問題，也就是資源配置浪費的效率問題。所以均衡是一種綜合的討論，也是經濟行為變化的縮影。

兩個工作　初學者的心理建設

認識了經濟學探討的五大主題之後，我們該如何切入討論？如何發掘問題？甚至如何下結論呢？我們先來欣賞一則經濟學的笑話：「一位經濟學家在博物館裡參觀，來到恐龍化石面前時，他微笑對旁邊的遊客說：『這隻恐龍的歲數足足有二十億年又十個月啊。』遊客相當驚訝，但看到他的穿著不像解說員，於是很有禮貌地反問：『您如何準確知道這個化石的年齡呢？』經濟學家很有自信地跟他說：『十個月前我來這裡參觀過，那時講解員告訴我這恐龍已經二十億歲了。』」這個笑話讓我們會心

重點Snapshot 經濟學兩大準備心法：理性邏輯，必須慎重了解前提；相關分析，並不代表因果關係。

一笑的原因，在於化石歲數都是經由推估而來，多了十個月不代表它真的是二十億歲又十個月，可是這位經濟學家的推論也一點不錯。

關鍵在於**邏輯**，經濟學的討論必須建築於其上。邏輯不是個抽象空談的哲學，人類以很多形式讓其存在，只是我們習慣了，也忽略了，所以時常遭到曲解。有時也是因邏輯推論的困難，造成大家對經濟學的誤解和排斥。其實邏輯和經濟學都很有趣，只是我們得先跳脫一些窠臼，就像上面恐龍化石的例子一樣，博君一笑的背後，有許多發人省思的意義。

（一）準備工作一：要有邏輯，就要慎重了解假設前提

經濟學必須有一連串嚴謹的推論過程，不管是用計量、數學等方法，都跟邏輯學一樣，我們必須慎重了解每個問題的假設前提。

生活在這世界上，每個人一定都有定見及知識不足的地方，於是不經意地會把自己的經驗誤認為是邏輯。舉個輕鬆的例子：「鳥類都會飛，企鵝是鳥類，所以企鵝會飛。」當我們敘述這段話給別人聽時，往往得到這樣的回答：「你有沒有邏輯啊？企鵝根本不會飛。」誰對呢？其實前者邏輯對，後者批評有理，但重點不對。

經濟學時常陷於類似的問題，誠如許多人批評供給需求曲線，對問題一點幫助也沒有，其實不是這樣的。記得我們開宗明義說過一句話：「所有經濟學探討都會假設人類是理性的動物。」學習經濟學的過程中，必須慎重了解前提是什麼，再來觀察推論的方式，千萬不要看到結論與自己的經驗相左，便否定一切。

回過頭來看企鵝會飛這件事，這並不是邏輯錯誤，反而是個確切無誤的推論。針對這段話，我們該批評的是：「為什麼你認為所有鳥類都會飛？」而不是：「我的經驗告訴我企鵝根本不會飛。」如果五千萬年前牠們真的會飛怎麼辦？

（二）準備工作二：跳脫經驗法則，「相關」不等於「因果」！

既然經濟學的目的在於探討理性人類的一切行為，「相關性」、「互為因果」等關鍵字，必然是認識經濟學的過程裡一定會接觸到的文字。在認識經濟學時，要謹記一個思考原則：「**有相關，未必有因果；有因果，則必定相關。**」

相關性是指我們觀察的客體彼此之間有一個趨勢，但背後有個我們不知道的主要原因控制著；互為因果則是一種絕對必然的變化，並且有順序關係，必須經過嚴謹的推論才能證明。即便是百分之百的相關，都未必可以被認定互為因果，所以經濟學裡

重點Snapshot 經濟學的討論必須建築在邏輯之上，同時不忽略假設前提。

很少講因果關係，而多用相關性這個詞代替。另外，這裡所講的因果，和法律、宗教的因果定義也有所不同，釐清這些觀念是非常重要的準備工作，確實要花點時間耐心思考。

例如王建民之前在洋基隊擔任投手時，曾有媒體觀察他二〇〇六—〇七年的成績，統計出王勝投時台股上漲機率高達六八%。當時許多媒體常寫到「王建民勝投，台北股市開紅盤」。

看似很有趣的結果，不過我們若真的根據王建民出賽去買股，最後恐怕會適得其反。很明顯地，一如報紙統計，那兩年王建民的勝投和股市漲跌有相當大的相關性(見表二)，但王建民勝投並不是股市上漲的原因，一個簡單的理由就是他勝投時股票也曾大跌，而他沒出賽時股票也有漲有跌。當時股市處於大多頭，王建民勝率也高，巧合的成分應該居多。

還有一個有趣的例子，有時我們可能聽到朋友抱怨：「唉，下大雨，家裡又要漏水了。」很簡單的一句話，但是，真的是下雨造成漏水嗎？換個角度來想，如果下雨是漏水起因，為什麼隔壁鄰居不會漏水呢？有沒有可能沒有下雨，卻還是會漏水呢？其實，下雨只是漏水的眾多條件之一，它和漏水之間有很大的相關性，但不能說兩者

表二：王建民勝敗投與股市漲跌資料表

2007年賽事	對戰球隊	勝	敗	當天股市漲跌
5月22日	紅襪	1	0	+ 47
5月27日	天使	0	1	- 3
6月2日	紅襪	1	0	+ 44
6月7日	白襪	1	0	+ 40
6月13日	響尾蛇	1	0	- 23
6月18日	大都會	1	0	+ 182
6月24日	巨人	0	0	+ 126
6月29日	金鶯	0	0	- 9
7月4日	雙城	1	0	+ 72
7月9日	天使	1	0	+ 181

就有因果關係。我們想要家裡不漏水，或許不是去要求老天爺不下雨，反而該去修補牆面。

這似乎有點哲學，不過舉上面兩個例子主要是想告訴大家，一件事情的發生原因有很多，每個原因僅代表著一個條件，但不見得與結果有主要因果關係。在認識經濟學的過程中，要試著保持對這些條件的懷疑，甚至更有熱忱地找出這些條件背後的其他成因。經濟學的探討，不外乎就是把這些主題的外衣一件一件褪去，找到更真的經濟互動關係。

重點Snapshot　務必記住：有相關，未必有因果；有因果，則必定相關。

三個方法

數學、統計、歷史思想解析

經濟學的討論主題一直圍繞在我們日常生活中，只是有時名詞不同，而有時我們很少進一步去思考。

舉個例子，俗話說得好：「己所不欲，勿施於人。」這雖然是個千古名言，卻有許多值得玩味的地方。它不折不扣是個經濟問題，例如我們可以討論：這樣的行為符合「滿足彼此效用」嗎？符合理性嗎？這句話是不是讓市場供需失衡了呢？當然，答案可以從各種角度切入，所以這一節就來介紹一些經濟學常用的解剖方法。

（一）數學（量化）解析——讓問題簡單、有邏輯、圖表化

又提到數學！但現在開始不需要頭疼，高深的數學是專家學者的特殊武器，我們只要懂得簡單的加減乘除，就可以用數學方式解析。

經濟學緊密地與數學結合，除了經濟活動本身就跟價格、金錢、數目相關之外，數學是將經濟問題**簡單化**且**邏輯化**的最好選擇，也是**圖表化**的重要前置工作。就像之

前主題裡提到「效率」、「效用」等，說某個政策效率高、某個選擇效用低之類的話，因為「高」、「低」都是主觀的形容，我們彼此對其的定義也都不同，這時候用數字來表達最為便利。

舉個例子，今天口袋裡有一百元可買晚餐，便當店販賣著各式各樣令人垂涎三尺的菜色，雞排飯一百元、蝦捲飯九十元、蛋炒飯七十元等，這時經濟學家若要幫助你作選擇，可能會先問你這些菜色給你的滿足程度，最高十分，最低一分。假設你的答案是雞排飯十分、蝦捲飯八分、蛋炒飯七分，經濟學家便會進一步問你買便當剩下來的錢拿來要買飲料，飲料的效用如何？假設你回答二十元飲料五分、三十元飲料七分，經濟學家就會告訴你：「嗯，那你就買七十元蛋炒飯和三十元飲料吧！因為這時候你的效用（七加七等於十四）是最高的。」

當然啦，現實生活中鮮少有人會這麼問，不過適當運用數學的觀念，將抽象的敘述簡單且有邏輯地表示出來，是經濟學十分基本的探討方法。進一步來說，要將這個晚餐問題換成圖表，也就不是難事了。

重點Snapshot 數學是將經濟問題簡單化且邏輯化的最好選擇，也是圖表化的重要前置工作。

（二）統計（計量）解析——利用數據的歸納作解釋及預測

統計是數學的一個分支，也是一般所謂的應用數學，以前國高中課本裡都介紹過簡單的統計，包括機率。

統計就是利用資料的歸納和統整，再進一步加以解釋、運用和預測。保險費、房地產價格、期貨選擇權等等，都必須運用到統計。但在經濟學的探討裡，我們特別把統計方法稱作「計量」，因為這裡不只注重機率的探討，更包含了**相關性**的程度檢驗，並以建立經濟模型為主。還記得「準備工作二」一節裡提到「相關性」和「因果」的介紹吧，統計（計量）解析有很大一部分幫助經濟學釐清這些問題。

舉個例子來說，我們時常聽到一句交通安全口號：「十次車禍九次快。」為了降低車禍案件，我們必須廣設測速照相機。這聽起來相當合乎邏輯，但換個角度來想，有沒有可能路上開快車的比率本來就很高，例如九九％，所以車禍時肇因於開快車的比例便很高呢？這時候統計的重要性就出現了。

這跟上一節提到王建民和股票漲跌的例子很像，從口號中的數據，我們可以了解車禍和車速具有一定程度的相關性，但車禍及車速之間的因果推論，甚至加上測速照相機的設置討論，恐怕還需要更嚴謹的統計假設和推論，才能有正確答案。

數據的背後往往有許多不確定性，特別是經濟活動牽扯到很多數字問題，所以經濟學多數時候必須運用統計方式，讓我們進一步了解影響經濟行為的關鍵因素，對於經濟學五大主題的討論才能有更明確的答案。例如薪水增加五%，根據統計，消費預期可望增加一%；警政預算每增加一%，犯罪率可以降低十%等等的推論。回頭來看因為十次車禍九次快，所以要廣設測速照相機，這個政策選擇是否有效用？改善行車效率多少？照相機該設置在哪裡？這些問題透過正確的統計分析，多半都能迎刃而解。但不管如何，開快車都不是一件好事！

（三）歷史思想解析——利用經驗和哲學嚴格地推論分析

正如同一開始介紹經濟學時所說的，經濟學有很長一段時期屬於政治學及倫理學的分支，因此從**歷史問題**、**歷史經驗**以及**哲學**角度出發的探討方法，一直延續至今。

這樣的探討方法常被人懷疑，因為這比較像是社會學的探討方法，而非現代經濟學。即便在方法上有爭論，經濟學家在印證自己的看法時，仍不時提出歷史經驗作為佐證，甚至更進一步研究歷史資料，以解釋社會的經濟行為變化。因此不能否認地，

重點Snapshot 統計就是利用資料的歸納和統整，進一步加以解釋、運用和預測。

利用歷史經驗的探討方法，一直都是相當重要的。

我們經常可以在報章雜誌中看到一些經濟政策的分析，利用歷史經驗來討論，例如台灣之前曾經發行三千六百元的消費券，許多經濟學者提出了日本的經驗來論述，再從兩者的背景差異，推論出一些政府發行消費券可能遭遇的問題。另外，遇有緊急狀況，中央銀行在決定升降息時，除了依據當前的景氣數據外，也會參考其他國家的作法，甚至參考過往的決策經驗。歷史思想解析運用廣泛，但是要精準地比較分析，又是另一門功夫了。

另外值得一提的是哲學討論。像馬克思主義、資本主義等，這些經濟思維的背後並不是一連串數學或統計，而是一種**價值觀**的討論，以哲學為基礎。例如唯物辯證法，馬克思以此專心於社會文化現象的解釋，進而奠立共產主義經濟學說。其他經濟學派的先驅，幾乎都是以建立經濟學說的價值體系為目標，像是經濟學之父亞當．斯密，他本身就是個哲學家。

關於哲學價值觀的爭論，現代社會也不乏這樣的經濟討論，例如福利經濟學經常會遇到價值觀的爭論，像是台灣健保政策的討論，為什麼醫療不能當作商品，由需求者自己負擔全額呢？這背後就是不折不扣的價值觀討論。近年大家相當關注的環保議題也面臨了這些爭辯，像是徵收農地和海岸濕地來蓋石化工廠，其經濟生產價值應該優先於生態維護嗎？

歷史思想解析法可以很生活，因為我們有自己的人生經驗，也有屬於自己的一套價值觀。邏輯、客觀是討論的基礎，否則容易流於意識型態的爭辯，這樣就失去經濟學的探討意義了。

總結——規範經濟學與實證經濟學

簡單介紹了三個經濟學常見的探討方法，其實在經濟學裡，這些探討方法可以歸納成兩大類——「規範經濟學」與「實證經濟學」。

所謂規範經濟學，是一種涉及主觀、需要價值判斷的討論；簡單來說，歷史思想的解析方式，就是規範經濟學最常見的工具。實證經濟學是一種力求客觀、不帶道德價值判斷、講求證據的討論；簡單來說，統計就是實證經濟學最常見的工具。這一類的學派相當多，多半是現代經濟學的主流學派，例如貨幣主義、理性預期學派等等，多以統計（計量）為研究基礎。簡單來說，規範經濟學在討論這個抉擇「**該怎麼做**」，實證經濟學則在討論這個抉擇「**預期會怎麼樣**」。

重點Snapshot 規範經濟學涉及主觀，需要價值判斷；實證經濟學力求客觀，講究證據。

相信大家一定很好奇，那麼一開始所說的數學分析方式呢？其實不管實證或規範分析，都會用到數學（量化）的方式來討論，因為這是將問題簡單化、邏輯化的最基本過程，無論是什麼學派，都很難脫離這個分析思維。所以進一步來看，實證和規範並非勢不兩立的研究方法，也沒有孰優孰劣的問題，更沒有誰先誰後，兩者相輔相成，只要用對地方，就是好方法。總而言之，經濟學**無法抽離價值判斷**，也**無法不講求證據**。

回過頭來想一想「己所不欲，勿施於人」這句話，如果用規範經濟學的角度切入，會得到這樣有趣的結論：這件事情如果真的損人不利己，就不要推給別人；如果損人但是利己，我們需要進一步討論道德問題。

如果用實證經濟學的角度切入，則會是：我們必須先整理一些自己不想做但推託給別人的案例，這些案例中他人的總效用受到損失的比例有多少？假設統計出有九五%的案件產生損人不利己的現象，基於我們也不想成為受害者，因此己所不欲，盡量勿施於人，否則社會經濟總效用容易為負。

更直接一點的哲學思辨方式，則可能會問：所以施給別人的，都應該是自己想要的？如果無法證明，這句話代表的就不是有效率和有效用的經濟行為。這三個說法看似詭辯，但不能否認其中的邏輯推論，而經濟學的探討方法，就是如此耐人尋味！

兩大分支　總體經濟學與個體經濟學

認識了經濟學的定義、討論主題以及探討方法，如果把經濟學比喻成建造一座大型購物中心，在奠定基礎之後，接下來我們就要分區施工，利用扎實的基礎穩固這棟建築物的價值。

我們先來回想一下國中的生物課，生物的分類有很多種，我可以依照DNA的相似程度，按「界門綱目科屬種」來分類，也可以依照其食物來源分成「草食」、「肉食」、「雜食」等等。經濟學的世界裡也有這樣的概念，分類方式很多，就像上節講到探討方法時，我們可以分成「規範經濟學」和「實證經濟學」一樣。然而經濟學最基本且廣泛的分類方式，是依照主要研究目的的範圍來區分，現代的西方經濟學依此劃分出「總體經濟學」、「個體經濟學」兩大類。

許多新興的經濟學學科，包括環境經濟學、法律經濟學等，都以這兩門學問作為

重點Snapshot　了解總體，就是要知道如何穩定一國的經濟；了解個體，就是要學會管理自己的每個抉擇。

研究基礎。有趣的是，雖然各個經濟學科的學術研究都有其獨特性，但各領域之間並不能夠完全獨立，甚至必須互相協助發展，所以通曉個體和總體的基礎，等於是打通任督二脈，這也是我們時常可以看到許多學問能以經濟學貫通的原因。

經濟學什麼時候開始劃分總體和個體兩大類，眾說紛紜，很難有個定論。二十世紀以前，經濟學主要在討論「**增加財富**」的經濟活動，包括政府如何提高稅收、貨幣政策、國際貿易等問題，古典經濟學派因此引領西方經濟思想發展甚久。

後來全球受到戰爭以及一九三〇年美國「經濟大蕭條」（Great Depression）的重創，凱因斯（John Maynard Keynes, 1883-1946）對過去古典經濟學派加以批判，並提出新的經濟學觀念，以「**需求面**」作為思考出發點，打破傳統思維模式，強調產業、消費者行為及政府行為等。凱因斯學說《就業、利息與貨幣的一般理論》（*The General Theory of Employment, Interest and Money*）發表之後，也正式奠定了現代總體經濟學的基礎。

名家軼事

凱因斯十分敬愛他的老師馬歇爾。他曾說一位傑出的經濟學家必須結合多種天賦；他必須了解符號，並用文字加以表達；胸懷定見同時不偏不倚；有時像個超然脫俗的藝術家，有時卻是涉足紅塵的政治家。他將這段話獻給了馬歇爾。

個體經濟學最初在古典經濟學裡就有概念，只是當時被認為是一種討論方法，而沒有受到經濟學家的深入探討。一直要到十九世紀末，英國經濟學家阿爾弗雷德．馬歇爾（Alfred Marshall, 1842-1924）發表《經濟學原理》（*Principles of Economics*）一書，完整提出大家現在耳熟能詳的供給需求均衡的概念，才奠定了後來「個體經濟學」的發展。加上後來凱因斯的著作《一般理論》帶來的影響，間接地開拓了個體經濟學的研究面向，總體和個體經濟學才開始有了各自較明確的發展脈絡。

之後在一連串的學術爭辯過程中，對於經濟學的分類才有一個較為明確的說法：所謂的「總體」，是以一個國家、一個經濟體，甚至全世界的「**經濟現象**」作為研究範圍，例如研究一個國家的經濟成長率、全球景氣，或者台北市的失業率等等，而這也是經濟學最普遍的概念。所謂的「個體」，則是指經濟行為裡，無論是個人、廠商，甚至國家「**本身經濟行為互動關係**」的作用影響，例如社會福利政策、生產定價策略、賽局策略等。

相信大家應該注意到了，總體和個體的劃分並不是以研究「人」或「國家」為基準，反而主要以「經濟現象」和「經濟行為互動關係」作為區分準繩，這和一般大眾的觀念有所不同。前者乃是強調**總合**，後者乃是強調**互動**。不過，這似乎又是兩個相

重點Snapshot 個體經濟學之父——馬歇爾；總體經濟學之父——凱因斯。

當抽象的名詞，我們到底要學習什麼呢？

（一）總體經濟學關心的是什麼？

☼穩定一個經濟體的經濟秩序

關於總體經濟學，大家一定不陌生，我們最關心的GDP成長率、央行利率政策、景氣循環、通貨膨脹等都是它的研究範圍，這也是一般人對於經濟學的通俗印象。嚴格說來，總體經濟的範圍多半以一個大型經濟體為討論單位，探討的是這個經濟體裡所有因為「**土地**、**資本**、**勞力**、**自然資源變動**」（**生產要素**）所產生的經濟現象，其中又以資本為最重要的研究對象，因為所有生產要素的運用和變動都和「錢」無法脫鉤。因此，總體經濟研究最後要達到的一個目的，就是穩定經濟體的經濟發展，避免發生經濟行為極端偏頗，進而導致社會失去秩序。

經濟學小詞典

➲ **生產要素**：指投入於生產商品或提供服務的資源，包括土地、資本、勞動、企業能力等，是維繫經濟運作必備的基本因素。可分為原始投入（primary input）及中間投入（intermediate input）兩種。原始投入指未經加工的生產要素，中間投入則由原始投入加工而成，用於生產的中間過程。

☼ 關心國民所得與就業

既然總體經濟學的目的是要穩定整個經濟體，國民所得和就業問題便是其最關心的議題。簡單來說，從支出面來看，影響國民所得的基本因素有民間消費、投資、政府支出、出口、進口（Y＝C＋I＋G＋X－M）。再仔細一點解釋，消費與薪資和物價有關，投資與利率有關，政府支出與稅收有關，而進出口則與技術、匯率有關。這些項目背後又各自有不同的影響因素，例如薪資和失業率的關係等等，甚至這些項目彼此之間也息息相關，因此衍生出許多的討論，這些討論便架構出總體經濟學的範疇。

如此繁雜的相關，提出經濟政策時牽一髮而動全身的為難，便不難想像。舉例來說，我們討論央行利率政策時，必須了解升降息帶來的貨幣供給和需求情形，甚至要進一步考量貨幣供給影響物價的情形，會不會顧此失彼，導致政策失效，因為錯誤的方向，後果恐怕不堪設想。另外像是探討刺激GDP的方案，政府擴大支出所產生的效用和效率，就是考慮的重點，同時也要考量會否排擠到民間的投資等等。當然，經濟學家彼此一定都有不同的觀點，因為彼此都有不同的取捨。

大師語錄 資本主義經濟最終將因無法承受其快速膨脹帶來的能量，而崩潰於自身的規模。—熊彼得

☼總體經濟學不斷面臨挑戰——對資本主義存疑

雖然總體經濟的概念體系發展最早，像是大家耳熟能詳的國富論、貨幣主義、凱因斯主義等，都是以探討總體經濟而提出，在當時也提供許多執政者決策的思考脈絡。但是整個社會並非一成不變，隨著許多科技和商業的發展，全世界每個國家都想要加速發展，對於投資金錢的需求愈來愈大，促成了金融交易的複雜，這也代表著「生產要素變動」的情形更為複雜。因為資源的取得和**資本**有相當大的關係，資本問題於是扮演著總體經濟問題的核心來源。

過去總體經濟學的許多理論不斷受到挑戰，像是凱因斯學派就衍生了許多修正後的觀念，甚至過去備受推崇的「市場有雙看不見的手」這種自由主義觀念，在近幾年歐債、雷曼兄弟等金融危機接連發生後，也讓標榜自由放任的經濟學家不得不承認政府介入市場的重要性。力挽資本主義過度自由所造成的經濟失序狂瀾，是近年總體經濟學家最大的挑戰。

（二）個體經濟學關心的是什麼？

☼ 提供管理的思維

最初在古典學派裡頭，對於個體經濟學的研究，通常是當作研究總體的基礎工具，其實絕大部分的大學課程，也是在上學期先學個體經濟學裡的供給需求、價格彈性、產業競爭等問題，然後才在下學期討論總體經濟問題。為什麼會有這樣的想法呢？簡單來說，因為個體的經濟行為，其總合就是總體經濟學所關心的因素，例如廠商面臨的競爭環境、市場產業的規模大小等等，這些範圍較小的個體因素，都是影響總體經濟的因素，所以個體和總體其實密不可分。

個體經濟學後來之所以會從總體經濟學脫離而出，除了因為研究範圍不同於總體之外，最主要的原因是在發展目的上。個體想要探討「**如何管理**」的學問，因此衍伸出了「**應用經濟學**」這門新的經濟學領域，包括醫療法律、商學管理、政府管理等，都可以看到運用個體經濟學的影子。舉例來說，廠商面對市場競爭，其定價策略、商品性質以及利潤等，是個體經濟學所重視的內容，而這是企業管理的一大部分。範圍

重點Snapshot 個體經濟學的研究對象為個別消費者及廠商，主要討論主題為消費理論、價格理論及分配理論。

再擴大一些，政府的政策，包括課稅方式、福利政策、公共財提供等，目的也是要探討政策的管理和執行方式，這屬於公共行政的範圍。

關心效用和效率

管理的目的，就是要讓資源的運用更有效率，讓效用擴大。既然個體經濟學目的在於提供管理的思維，效率和效用便是個體經濟學最關心的主題。因此，現代個體經濟學主要從三個理論來架構思維：**消費理論**、**價格理論**和**分配理論**。

消費理論在探討個人消費效用的問題，包括成本問題。價格理論在探討供給需求的價格均衡問題，還有大家較熟悉的市場競爭問題。分配理論在探討收入和資源配置的效率問題。個體經濟學從這些理論出發，對效用、效率、均衡有明確的討論脈絡，也才能提供管理者應有的思維。

名家軼事

納許是位早慧的數學天才，向來非比常人，所以當他有了精神病徵兆時，大家都不以為意。後來他附會各種數字文字，加以宗教及政治解釋，還妄想自己四處向學校及政府單位告密。普林斯頓校方擔心納許出事，曾千方百計阻擋他寄信。納許甚至成為普林斯頓的「魅影」，可以自由進出校園，即便師生都知道他瘋了。

☼ 個體經濟學的衍伸——應用經濟學

看似硬梆梆的學問，個體經濟學其實相當有趣，前面章節提到的例子，像是買雞排或買便當，都是個體經濟學的範疇。而談到個體經濟學，不得不先提一下電影《美麗境界》（*A Beautiful Mind*）裡的主角約翰·納許（John Nash）。

從數學跨入經濟學領域，納許不是第一人，卻是最值得被頌揚的偉大學者之一。特別是納許均衡（Nash Equilibrium）的學說發表，重新詮釋了個體經濟學的均衡觀念，並廣泛被運用在政治、行銷、貨幣政策、國際貿易等個體和總體議題策略上；近年更透過電腦運算，將經濟學的研究範疇往外擴充了一大步。這些以個體經濟學為理論基礎擴充而來的經濟學科，學術界將其歸納為「應用經濟學」。不過在講求專業分工的現代社會，各類應用經濟學科漸漸替代個體經濟學，成為經濟學術界的主流，甚至也發展出自己的學派。

☼ 來自更多哲學問題的挑戰

儘管二十世紀初對於「個體經濟學」的概念仍有諸多爭議，但因其分析方式的實

大師語錄 觀念可以改變歷史的軌跡。——凱因斯

用，而開發出了許多新的經濟學科，也奠定了個體經濟學的存在價值。不過如同上節所說，法律、商學、軍事、公共醫療等應用領域的經濟研究開始受到矚目，如今幾乎每個個體經濟學家都有自己擅長的研究領域。像是這幾年獲得諾貝爾獎的個體經濟學家，許多都與賽局理論和制度經濟學有密切關係。

既然目的是要提供管理思維，個體經濟探討愈專業、愈深入，就會不斷面臨倫理學的挑戰，也就是規範經濟學所要討論的「該怎麼做」問題。

舉個極富爭議但相當有趣的例子：**「該不該有複製人呢？」**相信以現代科技來看，製作一個複製人並非難事，但這背後有許多問題需要思考。絕大多數消費者只是單純地想在醫療上利用複製人，醫生與生物學家會考慮臨床實驗的問題，而總體經濟學家會探討複製人帶來的市場經濟效益，能夠提升國家競爭力多少等問題。傳統的個體經濟學家會探討市場供給需求和價格問題。

然而經濟學家並不以此為滿足，一些更偏向應用領域的現代個體經濟學家，例如法律經濟學家，就會探討：複製人有人權還是屬於他人財產權？什麼人該複製，什麼人不該複製？衛生醫療經濟學家甚至會關心：如果開放複製人商業化，會不會衍生更多社會醫療成本？諸如此類的問題相當繁雜，但這也是社會發展的現實，無法避免。不過這些挑戰，其實就是學習並加以運用經濟學的最大樂趣，不是嗎？

3分鐘
重點回顧

❶西方經濟學從哲學中探討理性的角度出發；東方經濟學從君主治理的角度出發。

❷經濟學可以從「理性、效用、效率、供給與需求、均衡」五個課題來探討。

❸人類的行為必定帶著理性。想得少鐵定較不理性，想得多也不一定就很理性，關鍵在於想得正確。

❹學經濟就是要了解「理性的成因」，什麼樣的動機造成什麼樣的行為，什麼樣的資訊又會造成怎樣的行為。

❺效用極大化是每個經濟人的目標，但過程中時常遭遇限制。大家只顧追求自己的效用，往往會兩敗俱傷。

❻經濟行為有時會產生外部性，破壞效用，因此高效率不見得有高效用；低效率也像是慢工出細活，不見得不好。這之間的取捨，就是經濟學所要探討之處。

❼需求是經濟動力，供給是效用交換；效用是經濟目的，理性則是經濟行為的方式。

❽從效用函數來解釋需求；從資源配置的效率來看供給。

❾ 均衡會因某些原因而「長期」失衡，這就是「失靈」。若由市場本身造成，稱為「市場失靈」，像獨占壟斷、外部性等；若由政府造成，稱為「政府失靈」，像政府本位主義、選民偏好、財政政策等。

❿ 學習經濟學兩大準備心法：邏輯在乎推理正確與否，不在乎經驗是否一致。有相關，未必有因果；有因果，則必定相關。但因果往往很難確認。

⓫ 經濟學無法抽離價值判斷，也無法不講求證據。實證經濟學和規範經濟學之間沒有優勝劣敗的問題。

⓬ 按「探討方法」可分實證、規範經濟學；按「研究範圍」可分總體、個體經濟學。

Day 02 Tuesday

星期二

起源與發展脈絡

-History-

經濟學大師馬歇爾（Alfred Marshall, 1842-1924）曾說：「自然不會跳躍。」（Natura non facit saltum.）只要有思想，必定有跡可循。經濟學歷經了數百年智慧的累積，至今仍在蓬勃發展，可見鑑往知來是學習經濟學很重要的一個過程。我們一同來看看這門學問的發跡以及進展。

經濟學有哪幾個重要的發展階段？——經濟學的起源與發展

十九世紀以前

經濟學思想啟蒙時代

（一）十五至十八世紀：重商主義（Mercantilism）

重商主義被認為是早期關於經濟發展較為完整的思維，不過它並不是由當時有名的學術論文作為依據的學說，而是後來的經濟學家根據中古歐洲的政治經濟現況，重新建構而成。因此重商主義也被認為是從政治哲學脫離出來的一種實踐方式。

雖然遲至十八世紀才有名稱與定義出現，但重商主義的實踐甚早，像是春秋戰國時期的「楚商」、唐宋元明的對外貿易，以及中世紀歐洲的大航海時代，都能歸納為符合重商主義的行為，因為這些經濟行為背後都有一個重要的因素：除了政治人物的野心之外，國內糧食及其他資源不足，國家為了求發展求生存，不得不利用擴大交易和占領來達成目的。這個想法直到現在不曾離開國際政治。

較為完整的重商主義發展，可回溯至十五世紀末的英國都鐸（Tudor）王朝，這是英國從封建社會轉為重視資本累積的關鍵轉變期。政府鼓勵大宗的紡織業出口賺取貴重金屬（黃金、白銀），以為貨幣的增加（因為黃金白銀是鑄幣的原物料）就是國家強盛的象徵。因為資本的累積，英國國內開始重視手工業及工藝產品的製作；同時，為了與西班牙、荷蘭等海權大國爭奪海外市場，英國也開啟了對海權的重視。英國的改變在當時歐洲造成一股旋風，許多國家更開始仿效，這波大規模的改變奠定了重商主義的思想根基。

重點Snapshot 重商主義以國家利益為先，不以商人利益為優先。

☼重商主義的主要概念：累積資本及資源，打造強盛的國家

十八世紀末，亞當．斯密的《國富論》開始對重商主義有所批判，正式給予重商主義一個較為明確的定義。根據英國的發展模式和歷程，不難發現重商主義有以下幾個特色：

1 透過戰爭、探險等設法取得大量貴重金屬。
2 優先鼓勵對外貿易，透過貿易賺取他國的黃金白銀。
3 獎勵人口大量增加，鞏固殖民地的統治，確保資源取得及銷售市場。
4 由國家監督，必要時加以干涉，例如關稅保護等。

就經濟而言，重商主義最重要的考量就是**對黃金白銀及其他貴金屬的占有**，不僅能滿足國家資本的累積，有了這些貴金屬作後盾，更可以直接促使工藝與軍事的發展。值得一提的是，資本累積的觀念也間接結束了中古歐洲的封建制度。當時在歐洲擁有土地不代表擁有生產力，因此未必有財富累積，加上政府對於商業的日益重視，

造成了封建地主和商人階級嚴重的對立衝突。除此之外，重商主義和「現代資本主義」也很不一樣，兩者雖然都認同資本累積的重要性，卻有著根本的目的差異：前者是為了打造國家的強盛，得到滿足的是統治階級的裙帶關係；後者則希望有一個自由的經濟市場，政府應保護商業的制度，並應該避免干擾，讓個人能夠完完全全享受自己努力的果實。

就政治而言，重商主義更是相當關鍵。十六世紀大航海時代促進了海權的擴張，也增強了重商主義的國家概念。海權伴隨而來的殖民地以及戰爭問題，漸漸加深了民族主義及帝國主義的政治想法。至今我們仍然十分容易看到這些思維的身影，像是中國和韓國的崛起皆有民族主義作後盾，而美國依靠其軍事及外交實力，使得私人跨國企業得以強盛，因此有些學者認為美國是一種新的經濟帝國霸權。不可否認地，重商主義確實開啟了後來許多國家發展的思維。

重商主義的主要發展：柯爾貝爾主義

大多數經濟歷史學家認為，十四世紀的歐洲文藝復興時代開啟了累積資本的思想，宗教改革及大航海時代則加深了重商主義的重要性。這兩百多年間，歐洲變化

重點Snapshot 現代國家的發展都曾有過重商主義的概念色彩，如一九七〇年代的台灣和新加坡。

相當大，重商主義也在十七世紀中葉達至鼎盛，其中最值得一提的首推法國財務大臣讓巴普蒂斯特．柯爾貝爾（Jean-Baptiste Colbert, 1619-1683）。

法國經過宗教戰爭的紛擾，一直到十七世紀初才開始變法圖強。法王路易十四於一六四三年登基後，將法國推向歐洲強權之一，柯爾貝爾即是這段時期的財務大臣。柯氏在一六六五年受任，熱衷於專制統治手段的他，認為國家發展應優先於一切，於是厲行擴大貿易順差的手段。由於國家發展的關鍵在於白銀多寡，在此理念下，他主導了四項重大的國家建設：（一）強化工業，並設立法蘭西科學院；（二）拓展商業，關稅保護本國商品；（三）增強軍事建設，擴大海事防禦；（四）調整稅率，穩定國家財政收入。除此之外，柯氏更鼓勵法國人民移居殖民地，目的就是要鞏固來自殖民地的資源，今日加拿大的法語區、美國的一些法語地名，便與當時的政策相關。

法國在柯氏的經濟改革下，終於在海權時代占有一席之地，也讓英國、西班牙、

名家軼事

法國財務大臣柯爾貝爾是一位政治家、外交家、軍事家，也是位生意人。他藉著擔任一位大臣的財務總管而進入宮廷，後來這位大臣過世，柯爾貝爾便開始他的公務員生涯。他對國家建設的貢獻良多，除了經濟之外，在法國科技教育的發展和投資上，也令人稱讚。

葡萄牙、荷蘭等舊海權大國深受威脅。但快速的國力增長並非好事，簡單來說，過度重視資本累積的結果，帶來了貧富差距擴大的內部危機。法國保護國內的商品，並且動用政治軍事力量協助商業發展，但既得利益大部分歸屬於皇親國戚，造成相當大的階級對立；再者，由於急於擴張領地、占有資源，法國在路易十四和路易十五執政的一百年期間，軍事支出相當可觀，此舉不但帶來財政負擔，更埋下日後導致法國衰敗的「七年戰爭」導火線。軍事支出過重、貧富差距過大，加上資源的爭奪，讓歐洲許多哲學家開始反思重商主義，而**「重農主義」**就是在這股反動中醞釀而生。

儘管柯氏不是經濟學家，卻是一位成功執行重商主義理念的政治家。在他的改革措施立竿見影之下，後來也影響普魯士、俄羅斯等國的發展。柯氏有系統的實踐方式被視為重商主義的精髓，後人於是亦稱「柯爾貝爾主義」為「重商主義」。

✲重商主義的轉變：新重商主義

柯氏將重商主義帶至發展的高峰，但不到半世紀，重商主義思維就受到了挑戰。亞當．斯密發表《國富論》，是歐洲重商主義的分水嶺，也是經濟學重要的新起點，但這不算是重商主義的結束，反而是重商主義轉變的開始。

大師語錄 朕即國家！——法王路易十四

在歐洲強權厲行重商主義成功之後，十八世紀歐洲開始對於政治經濟有所反思，許多著作著眼分析這些富國強兵政策帶來的經濟問題。當時雖然沒有較為嚴謹和系統化的分析，但仍有不少具有水準的見解，有趣的是多數見解出於自商人、銀行家之手，而非學院出身的學者。這些人之中，對於貨幣和物價有重要論述的像是湯馬斯·孟（Thomas Mun, 1571-1641）、理查·坎蒂隆（Richard Cantillon, 1680-1734）等等。他們並不否定重商主義的政策，而是要提供執政者經濟上的意見，例如大量鑄幣所產生的通貨膨脹問題、國內工資水準與出口問題、農業生產問題等。

持續不斷的思想反動和階級對立的社會不安，令重商主義思維在歐洲沒落，但沒有消失不見，反而融入更多經濟學說來加以修正，像是十九世紀的日本、德國、美國這些國家，依舊維持幾個重商主義的基本原則，包括保護關稅政策、賺取貿易順差、優先發展工業等。至於重商主義十分注重的軍事力量，取而代之的是更多的國際政治談判及自由貿易概念。儲備貴重金屬以累積資本的概念，則是代之以外匯存底實

名家軼事

湯馬斯·孟是重商主義時期最重要的理論奠基者，不過他是個商人。他不像柯爾貝爾那樣實踐富國強兵，而是提出「貿易差額論」，簡單來說就是國家向外國流出本國貨幣，最後可賺取金銀等貴金屬回來。他對於國家稅務也有相當多見解，堪稱重商主義最重要的思想家。

力，及掌握石油、煤礦等天然資源。

巧合的是，十九至二十世紀初的國家發展，又帶來了大規模的世界大戰，因此也有學者將這些重商主義思維的改變解釋為「新重商主義」。不能否認，時至今日許多新興國家經濟的發展，依然遵循這些基本原則，甚至融入新的經濟思維，中國、韓國近幾年的崛起，便是「新重商主義」最佳的範例。

重商主義雖然不具備完整論述基礎，但的確是中古世紀達到富國強兵的快速手段。不過，重商主義更值得我們認識的原因，在於它提供了經濟學許多思考素材，包括貨幣、關稅制度、稅收、公有地悲劇、賽局競爭等，證明了歷史永遠是最好的一面鏡子。

（二）十八世紀：重農主義（Physiocracy）

☼ 重農主義的主要概念：遵循自然，就讓他們去做吧（laissez-faire）

農林漁牧業（統稱農業）一直是人類最原始的自然生活方式，即便到了中古世紀，東西方仍然依賴著農業的發展。重商主義發展之後，由於國家對商業發展的重

重點Snapshot 反動思想和階級對立，是重商主義思維在歐洲殞落的關鍵。

視，在稅法上以及資源投入開始出現不平衡的政策，對於柯爾貝爾主義產生強力反彈，重農主義就在十八世紀中的法國醞釀而生。

比起重商主義，重農主義顯得有條理且有理想，因為重農主義有學派、學說，也有哲學理論依據，而這套價值觀的基礎信仰，就是**「自然法則」**（nature law）。重農主義者認為，人類的經濟活動和宇宙天體運行一樣，都有天理自然的規則，所有干預和破壞平衡的行為都只是一時，最終經濟活動仍然會回歸自然。所以，經濟活動的思考應該以人的基本自由為出發點，才是正確。這些思想很像老子《道德經》所要闡明的「清靜無為」觀念，不過當初重農主義要對抗的是國家諸多的強硬干涉，並傳達自由、自然才能穩定經濟發展的意念，倒不是提供個人修身養性的思想學說。

在經濟上，重農主義亦有自己的一套理論，依照佛朗斯瓦．魁奈（François Quesnay, 1694-1774）所發表的《經濟表》（*Tableau économique*）一書所述，農業是

經濟學小詞典

➲ **地租：**跟房租意思類似，指支付地主的租金及其他收益。中古時期歐洲並非每個人都有耕地可耕作，農民必須向地主租用農地來生產價值。地主除了基本租金外，還要根據收成多寡收取穀物或現金。這個經濟現象，對於剩餘價值及經濟發展的討論相當重要。

一切經濟活動的基礎，也是財富的唯一來源。重農學派反對把貨幣當成財富的象徵，認為貨幣只是交易媒介，而工業和商業活動只是把農產物料加工之後，設法高價賣出以賺取差額，並不是真正的實質生產。簡單來說，**一切價值皆來自於土地**。重農學派相當重視土地投入成本和產出（地租）的問題，後來亞當．斯密亦深受此思維影響。儘管重農主義關心農業生產的穩定，但當時法國重農學派更希望發展企業型的農業，藉以擴大生產基礎，而不是將重心放在農業生產戶的經濟生活問題。所以，重農主義本質上是資本主義的另一種思考模式。

簡單來說，重農主義以改革重商主義為主，但兩者仍有一個共同點：它們都認同**資本累積**的重要，只不過對於累積的手段、思維各執己見，而關鍵就在於重農主義尊重自由、自然的理念。後來也有學者因此認為重農主義提供了「現代資本主義」的思維基礎，也就是經濟學著名的「自由放任」（laissez-fair）的觀念。

重農學派引領十八世紀中葉法國的經濟思維，當然也影響了其政策。在柯爾貝爾主義之後，法國社會遺留下許多後遺症，如同一開始所說的軍事支出和稅法不公等問題。重農學派一個重要的擁護者，法國當時的財政部長托爾戈（Jacques Turgot），便依此提出了兩項重要政策：（一）支持更自由的貿易，取消關稅保護；（二）重

重點Snapshot 重農主義不是要愛護大自然，且相當重視私人資本累積。

新檢視稅法，強調公平，保護農業生產。不過社會問題促使宮廷鬥爭相當嚴重，托爾戈像宋朝的王安石一樣，改革沒有獲得支持，且因此下台，重農學派便因政治式微而失去了舞台。沒過多久，法國在一七八六年面臨嚴重乾旱；三年後，法國大革命爆發，但重農主義的自由精神及對農業生產價值的關心仍然延續下來。其中，關於**農產品剩餘價值**的概念，在十九世紀初被大家耳熟能詳的哲學家卡爾．馬克思（Karl Marx, 1818-1883）所重視，並因此提出《剩餘價值論》（*Theories of surplus-value*）。至於其自由放任的思維，經過亞當．斯密更嚴謹的分析，形成了古典經濟學派，影響經濟學直到現在。

❁ 重農主義的主要發展：《經濟表》

提到重農主義，不能不提到魁奈這號人物。魁奈是重農主義的創始人，但他本人卻是一位宮廷醫生。除了對於生物學科的熱愛，早期他研習哲學及數學，後來因為當了醫生，深刻體悟生理和心理的痛苦，不僅提出許多具有哲學基礎的生物行為著作，

經濟學小詞典

➲ **剩餘價值：**簡單來說，就是勞動者製作產品而獲得薪資，但商人將產品賣出的價格卻遠高於給勞動者的薪資加上成本，這一段差距就是所謂的剩餘價值。

晚年更因此提出重農的經濟理論。

魁奈一生著作等身，重農主義方面的作品，以《經濟表》最為重要。這部作品其實只有簡單的經濟流程圖，作者的目的在於利用圖表解釋貨幣的運行方式，而這套解釋日後便成為重農學派的理論根基。魁奈將整個社會經濟分成三個階級：（一）**生產階級**：從事農業的人；（二）**地主階級**：土地所有人，包括君主、地主等；（三）**無生產階級**：從事商業及工業的人。他認為貨幣永遠會在這三者間流動，而此流動過程證明了生產階級才是最主要的財富累積起源，重視農業生產才能真正使國家富強。

如果我們詳細來看《經濟表》的循環圖，一定會發現它和一般經濟學教科書常看到的「經濟流通圖」有些出入，這是因為受限於時代背景，不過魁奈至少已經描繪出了輪廓。整體來說，《經濟表》的重要意義不只在於經濟循環，大致還可歸納為以下五點，這些是影響古典經濟學的重要思想：

1 **最古早具有經濟學方法論的學說**。魁奈討論經濟循環的方式，後來啟發了里昂鐵夫（Wassily Leontief, 1905-1999）對於生產要素的研究，開啟了國際貿易新的觀念。

大師語錄 若沒有財富帶來的安全感，這片土地仍將一片荒蕪。
——魁奈

2 **對於生產品提出剩餘價值的概念**。剩餘價值來自於產品價格減去勞工薪資加生產成本，魁奈並不是要批評這個問題，而是要藉此強調農產品才是剩餘價值的起源，農業才是經濟的基礎。馬克思後來由此提出了《剩餘價值論》，將該問題作一更完整的論述。

3 **消費、生產、再消費、再生產的循環觀念**，說明了國家貨幣的累積不等於財富的累積。這一個概念後來影響古典經濟學派對於供給需求的看法，強調生產才是富強王道。

4 因為地主階級對生產過程沒有幫助，可以不勞而獲，因此**應該對於地主階級課以重稅**。魁奈後來寫了《賦稅論》（*Impôts*）來統整這些觀念，不僅後來的財政學者引此提出了資本利得的課稅觀念，對於亞當・斯密針對「地租」提出的論述，也有深刻的影響。

5 **循環不需要國家介入**。魁奈提出《經濟表》的理論概念，正式說明了自由經濟的重要，更引此論述要求國家廢除干預、擴大自由貿易等。當時因為政治因素，這些

名家軼事

魁奈身為宮廷醫生，卻富有人道主義。他在宮廷任職時，喜歡找一群思想家前來高談國家發展，他們甚至自稱「經濟學家」。後來這群經濟學家理所當然被視為重農學派的重要成員，包括當時的法國財政部長托爾戈。亞當・斯密在法國時曾與魁奈接觸，對於自由放任及土地生產至上的觀念大為稱讚。

論述並不被重視，但它們卻深深影響著現代經濟的發展。

農業至上、尊重自由的概念，十分完整地在《經濟表》這一著作中呈現，但魁奈晚年還提出了許多理論加深重農學派的思想，這些著作中最有名氣的當屬《人口論》（*Hommes*）。魁奈相當重視消費問題，他在《人口論》中談及消費、物價、財富累積與人口之間的關係，這讓馬克思讚譽他為天才，因為這些見解在三十年後，被赫赫有名的古典學派經濟學家馬爾薩斯（Thomas Robert Malthus, 1766-1834）所認同，加上後來古典經濟學的分析方法，提出了「馬爾薩斯人口陷阱」這一重要學說。重農主義雖然在歐洲已不復見，但它打開經濟學的智慧之窗，卻是永遠的事實。

重農主義的轉變：自由經濟的先驅

整體來說，重農主義比起重商主義在經濟學發展上更有貢獻，但重農主義的壽命並不長，經濟史學家一般認為應當從魁奈於一七五六發表《租地論》（*Evidence*）時起算，一直到一七七六年托爾戈經濟改革下台為止，前後不過二十年。

另外一個重要因素是《國富論》也於一七七六年發表，補足了重農學派對於貨

重點Snapshot 重農學派泛指受魁奈邀請，討論政治、哲學、經濟等的學者們。

幣、土地、勞力、自由貿易等分析上的不足，同時將重農主義的「自由放任」觀念賦予更實用的政策和解釋。重農思想於是開始轉化，注入專業的經濟分析，並淡去它在政治上的色彩。

十九世紀整個歐洲開始大規模的工業革命，農業生產階級更顯弱勢，商人或所謂的工廠雇主搖身一變，掌握了社會大部分的生產資源和利益。此外，這時還產生了一批新的生產階級，也就是藍領工人，重農主義的理想便更少有人再提起了。倒是現在許多環保團體開始重新研究重農主義中的「自然」觀念，這是很有趣的一個新發展。

工業革命能夠帶給西方世界如此大規模的改變，自由放任的市場競爭，其實是最佳推手。因為自由經濟受到市場的青睞，現代資本主義社會得以從工業革命時期開始奠下厚實基礎。雖然有人說古典經濟學派打造了現代社會的基礎，不過重農主義所開啟的「自由」風氣，才真的堪稱今日自由經濟的先驅。

（三）古典經濟學（classical economics, 1766-1870）

十九至二十世紀是經濟學的百家爭鳴時期，在重商主義和重農主義之後，繼而登場的就是古典經濟學派，這是經濟學非常重要的里程碑，因為所有關於現代自由經濟的觀念，在古典經濟學裡都可以找到重要的基礎。

☼古典經濟學的主要概念：人類經濟活動有隻「看不見的手」

古典經濟學派其實是對於十八、十九世紀英國和法國經濟學家的泛稱，而古典經濟學的思想，可以由《國富論》這本偉大的著作來貫穿。大致說來，古典經濟學派在經濟思想上承襲了重農學派的自由放任說，但關於如何富強整個國家社會，卻有著相當不同的見解。古典經濟學並不專注在農業活動上，反而強調任何形式的生產對於經濟都是有幫助的。最能解釋古典經濟學中心思想的一個論述，就是俗稱賽

大師語錄 只有人類會做出交易協議；沒有人看過狗會公平或利用欺騙去和另一隻狗交換骨頭。——亞當．斯密

伊法則（Say's Law）的「**供給自創需求**」（Supply creates its own demand.）學說。

賽伊（Jean-Baptiste Say, 1767-1832）是一位法國的古典經濟學家，也是個商人，他相當推崇亞當．斯密的想法，特別是對於「小政府」、「自由競爭」等觀念，所以他後來提出「供給自創需求」的觀點，即是《國富論》概念的延伸。從字面解讀這句話，很容易令人誤會，以為只要隨便生產一種產品，總會有人想購買，其實並非這個意思。賽伊認為一個市場在自由競爭、不受政府干擾的情況下，供給的一方會自己思考提供適當的數量，甚至供給更好的產品或服務以參與競爭，這些供給自然而然會找到它本身的需求。舉個例子來說，美國的星巴克提供一種速食咖啡的概念，讓咖啡不再只是優閒下午茶的產品，可以讓任何人隨時隨地快速享用。在還沒有星巴克之前，至少在台灣，我們很少會看到有人買一杯咖啡在辦公室喝，大多是自己沖泡，我們也甚少聽到員工抱怨怎麼都沒有咖啡可以喝之類的要求。但現在不一樣了，咖啡變成一種唾手可得的商品，「速食咖啡」商機也突然變大了起來，就連

經濟學小詞典

➲ **供給自創需求：**賽伊法則的核心概念。在古代以物易物的社會，先拿出你的東西來，看看市場有沒有人願意交換，最後才能得到滿足。所以古典經濟學認為供給先發生，需求就會發生。其背後隱含一個意思，即市場沒有不勞而獲的事。

便利商店也想分一杯羹。這樣的需求擴張，就是「供給自創需求」最佳典範。

這個觀念為什麼是古典經濟學派的主要精神？最重要的原因在於他們相信**透過市場的自由競爭，可以帶來經濟的穩定均衡循環**。而所謂「看不見的手」，就是在形容讓市場穩定均衡的力量。如果有廠商提供了不好的產品，它自然會被市場淘汰；廠商為了在競爭中脫穎而出，會提供更好的產品，也就自然會產生更多的需求。政府唯一要做的事，就是不要伸出「看得見的腳」來干預。

古典經濟學派的偉大，除了傳遞自由市場經濟的觀念之外，他們有系統地利用分析工具把經濟學問題表述出來，更是經濟學重要的一大步。儘管當時非常少國家採取古典學派「小政府」的觀念，但是就經濟制度、法律制度、租稅制度、貿易制度等來說，幾乎沒有一個國家能抽離古典經濟學派的理論。一直到十九世紀中，由於工業革命和數學運用的興起，古典經濟學派才正式走下坡。

古典經濟學的主要發展：亞當．斯密《國富論》

《國富論》的偉大並不在於觀念的新穎，而在於它相當有系統性地將經濟學問題分成幾個重要領域，並且包括數學邏輯推論，大致內容涵蓋「資本、地租、勞動、貿

重點Snapshot　賽伊法則的「供給自創需求」是古典經濟學的中心思想。

易、租稅、利息」等六大類，構成了現代總體經濟學的研究對象，也是後來古典經濟學家研究的主要依據。

要理解古典經濟學，不能不先簡單介紹一下亞當．斯密這位偉大的經濟學家。亞當．斯密原本是一位不折不扣的哲學家，早期在英國接受神學和哲學的大學教育，是倫理學界的箇中翹楚。在發表《國富論》之前，他先於一七五九年發表了一本著作《道德情操論》（*The Theory of Moral Sentiments*），這本書主要講述他對人類情感的觀察，包括對同理心、同情心、道德旁觀者等的探討，有點像是儒家的「人性本善」說。不過亞當．斯密並不標榜一個高道德的社會或激發人類善良的本性，相對地，他在這本書裡說明了人類必須追求道德共識的哲學理念。這本書還提到了一個重點，就是人性在同理心的更深層面，有時無法避免有共同利益的價值觀作為基礎，這個問題後來成為《國富論》很重要的一個觀念。儘管這是個哲學問題，但不能否認亞當．斯密對於人性的見解，為後世的經濟學打下了深厚的基礎。

發表《道德情操論》之後，一七六四年亞當．斯密前往法國學術訪問，認識了重農學派的創始人魁奈。這兩年訪問期間，魁奈的許多想法深深影響了亞當．斯密，他花費了十年功夫重整重農主義的想法，並且注入自己豐富的哲學觀念，於一七七六年完成了《國富論》這本曠世巨作。在資本的累積上，他反對重商主義以國家為主要對象的資本累積，認為**私人應保有自己財產**，而且政府不應該從中干擾。在生產方面，他認為重農是不夠的，應當**注重勞工分工及工資變化**，這才是富強的根本。在地租和利息方面，他以過去的數據分析資本流動的概念，**架構現代貨幣銀行學的雛形**。在貿易方面，他**倡導自由貿易、取消關稅**，認為這樣有利於商品流動及資本累積。簡單來說，自由經濟就是最高原則。

亞當．斯密的學說引起相當多跟隨者前來研究，有學者曾經形容：「亞當．斯密的思想儼然已經成為一種經濟學的大型工業，生產相當多不同類型的經濟理論。」十八世紀後期因而產生許多量多質美的經濟學家，重要的古典經濟學家除了剛剛提到的賽伊，我們耳熟能詳的馬爾薩斯《人口論》（*An Essay on the Principle of Population*）、李嘉圖（David Ricardo, 1772-1823）《政治經濟學與賦稅原理》（*Principles of Political Economy and Taxation*）等著作，皆是《國富論》的延伸研究。甚至十九世紀工業革命後期的社會主義學家，也沿用了《國富論》的看法批評資本主義的荒謬。

這些古典經濟學家中，又以李嘉圖的學說最為重要。李嘉圖本身是個金融業鉅

重點Snapshot 李嘉圖的比較利益說是國際貿易理論的基礎，對於分工、生產效率等概念的發展相當重要。

子，而且到了二十多歲才開始接觸經濟學，但也由於實務經驗的豐富，他最令後世經濟學家讚賞的，就是能夠將抽象理論化為實際政策。承襲亞當．斯密最關心的分工問題，李嘉圖相當注重「**比較利益**」的概念，例如A工廠一天可以做二十件衣服和十件褲子，B工廠一天可以做十件衣服和二十件褲子，我們應該要讓A工廠專業生產衣服，讓B工廠生產褲子。從「比較利益」的觀念延伸出去，進一步討論成本和分工問題，便形成了他對勞動、生產、地租等問題的核心思想，「**差額地租說**」（differential rent）即是這些思想最經典的理論，對於當時英國政府的關稅保護、稅率政策起了很大的影響力。另外，對於貨幣流動，他也提出了「**等值說**」的觀念。簡單來講，李嘉圖認為「**政府現在印鈔票，未來必加稅**」，這引起相當大的迴響，一直到近代仍有許多學者不停研究這個主題。

亞當．斯密和李嘉圖是古典學派前後期的關鍵人物，他們都具備深厚的哲學底子，才能在這時代脫穎而出。儘管這些古典學派的論述建立在自由經濟的價值觀上，

經濟學小詞典

➲ **有效需求說**：指有消費能力及投資能力的需求，是相對「乞討」這類的無效需求而來。馬爾薩斯首先提出此說，強調需求對於供給的影響，補足了賽伊法則的觀念。當市場有效需求不足，便會產生供給過剩，進一步導致經濟停滯。

其最終目的並不是要讓這世界變成烏托邦，而是要提供政府更有效率的執政思維和政策。然而，自由經濟無法確保社會穩定，政治、教育、科技等在在影響著自由經濟的價值觀，十九世紀中後期由於貧富差距擴大，「看不見的手」因而備受挑戰。

古典經濟學的轉變：開啟百家爭鳴的經濟學世界

古典經濟學派標榜著「供給自創需求」以及「小政府」精神，一直到後期的彌爾（John Stuart Mill, 1806-1873）發表《政治經濟學原理》（*The Principles of Political Economy*）一書之後，開始有了轉變。彌爾是英國的經濟學家，承襲許多李嘉圖的概念，是當時的古典經濟學權威。然而彌爾後來並不支持古典經濟學提倡的「小政府」，他認為政府必須花相當大的心思補足許多社會問題。另外，彌爾對於「供給自創需求」的推論也保持懷疑；比起供給，他更重視需求問題，於是提出了「**有效需求說**」來修正古典經濟學。

其實十九世紀中已經有許多社會主義先驅，鑒於資本主義社會所造成的貧富差距問題，提出了社會主義思想，這可以視為對於古典經濟學的一種反思。社會問題一直是古典經濟學忽略未談的部分，因為古典經濟學沒有料及整個工業革命影響全世界如

重點Snapshot 邊沁和彌爾是開啟新古典經濟學兩位重要的大師，特別是功利主義學說，更是經濟學百家爭鳴的關鍵。

此巨大，機器取代了人工，原物料的交易以及新的海上擴張時代隨之再度來臨。另外，功利主義大師邊沁（Jeremy Bentham, 1748-1832）也改變了經濟學的探討內容，**「個人效用問題」**成為經濟學新的研究對象。

彌爾深受這兩項時空背景所影響，而他的思維也促使了一部分古典經濟學者轉而關注個體需求，並且運用更多數學方法討論經濟學，包括效用、彈性等等，給了「新古典經濟學」很重要的研究基礎。

除了新古典經濟學的誕生，重視數學分析的數理經濟學派、重視社會福利最大化的福利經濟學派、重視政府功能的德國歷史學派，還有重視社會主義的馬克思思想等，都在一八五〇年後如雨後春筍般誕生。這些學派有的師承古典經濟學，有的則是站在反對立場，有的是延伸新古典經濟學的研究方法等等。他們彼此之間互相引用，也互相批判，各有所長也各有所弱，例如馬克思的社會主義目前看來雖然無法實現，但馬克思對於資本主義的批評，至今仍在上演。

儘管各個學派齊放，致使古典經濟學的研究方法沒落，然而它的精神並沒有結束；它就像顆種子，將養分注入每一片盛開的樹葉。爾後經過近一百年的修正和探討，二十世紀中期，貨幣主義和理性預期主義崛起，又讓古典經濟學重新站上舞台。

（四）新古典經濟學（neoclassical economics, 1870-）

☼新古典經濟學的主要概念：強調個體的分析，重視數學的運用

在彌爾之後，新古典經濟學興起。所謂的新古典經濟學，跟古典經濟學一樣是一種泛稱，主要針對十九世紀後半對於古典經濟學論點的反思或延伸探討，這些學派包括**奧地利學派**、**洛桑學派**及**劍橋學派**等，其中又以劍橋學派最為重要。這三個學派的共通點在於善用數學分析，特別是「**邊際**」的概念。

「邊際」的觀念運用很廣，一句古老的諺語說「三個和尚沒水喝」，就是最好的例子。我們知道一根扁擔兩個頭，一個人挑很辛苦，但還做得來。兩個人時，一人挑一邊剛剛好，說不定還可以多提一桶水。三個人時，鐵定多出一個勞力，每個人都盤算著坐享其成，於是爭論不休，結果大家都沒水喝。到了第四個、第五個人加入，怎麼辦呢？每多一個勞工，整體效用沒有等比例上升，甚至造成人力成本的浪費，這個問題就是「邊際」的觀念。如果把邊際觀念用在探討個人效用問題時，就像之前所提過的例子，第一個排骨便當可以讓你八分飽，第二個可以讓你十分飽，吃第三個你就

重點Snapshot 邊際的運用是新古典時期的研究特色，也是奧地利、洛桑、劍橋等三大學派的學術共識。

會想吐了。

新古典經濟學家從「邊際」的問題裡開拓了新的經濟學領域。有別於古典經濟學派關心地租、勞力、資本，新古典經濟學家將關心的焦點放在**「影響經濟的個體行為」**，包括個人、廠商、商品價格等等，運用個體分析，再來推論總體經濟現象。例如我們時常聽到的邊際效益遞減法則，還有寡占、壟斷市場等討論，都是新古典經濟學關注的焦點。除此之外，資源分配的概念也受到相當重視，例如A有五顆蘋果，B有十根香蕉，A與B彼此該如何交易讓雙方達成最大效用，也必須利用「邊際」方式來探討。因此，有人認為新古典經濟學就是「邊際」的學問，也有人用「邊際學派」來稱呼新古典經濟學派。

由於運用許多數學觀念作為研究方法，新古典經濟學在經濟研究上，為後來個體經濟學打下了許多基礎，但是這三個基本學派卻有著不同的價值觀，例如洛桑學派就有不少學者偏向社會主義的研究，而劍橋學派同時存在「大政府」、「小政府」的爭論，奧地利學派則相當重視傳統的自由至上。數學和邊際觀念的運用算是這些學派最基本的共識吧。

儘管新古典經濟學內眾家爭鳴，但此一學派的研究方法迄今屹立不搖，許多經濟學相關的數學，例如「需求彈性」、「供給需求曲線」、「賽局」等等，多是在這個時代逐漸成型。這些經典的個體分析理論，後來結合凱因斯學派、貨幣學派等，開創了現代經濟學的容貌。

☼新古典經濟學的主要發展：一場邊際革命——華拉斯、孟格爾、傑方士

新古典經濟學儼然是一場數學的戰爭，但並不是說這些學者完全跳脫哲學來討論經濟學，而是試圖將古典經濟學裡的一些抽象概念，利用數學具體呈現或者加以反駁。簡單來說，新古典經濟學的發展過程，就是一場「邊際革命」，引領這場革命的有三位重要學者：

1 洛桑學派：華拉斯（Léon Walras, 1834-1910）

洛桑學派的創始人華拉斯生於一個法國的學術家庭，但他的學業卻沒有父親那般一帆風順。大學時華拉斯從理工科轉向文學研究，後來在父親的指導下，啟發他的經濟學和哲學思想。他的工作也不穩定，先後擔任過公務員、記者、編輯及銀行行員，後來求助於朋友才順利進入洛桑學院擔任經濟學教授。他在學校教書期間的著作，就

重點Snapshot 華拉斯、孟格爾、傑方士三人對於邊際效用理論的發展貢獻卓著。

跟他的人生一樣沒沒無聞，一直要到辭世之後，後人才發現他的偉大。

雖然生在小康家庭，但華拉斯並不欣賞資本主義造成的社會現象，因此早期他被學術界認為具有共產主義思想，從而遭到排擠。華拉斯其實強調自由經濟的重要，只是認為政府應該為社會和諧付出更多努力，不能交由看不見的手。華拉斯的學術生涯儘管孤獨，好在他始終對自己相當有自信，除了撰寫豐富的學術著作，更教出了巴瑞圖（Vilfredo Pareto, 1848-1923）這個影響後世甚巨的經濟學者，建立起洛桑學派的歷史地位。

華拉斯也對古典學派有所反思，從勞動問題開始，早期的他提出「邊際效用價值論」，反對古典經濟學的「勞動價值論」，從此奠定新古典經濟學研究方式的基礎，也就是邊際的觀念。一八七一年，華拉斯發表他最重要的一本著作《純粹政治經濟學要義》（*Éléments d'économie politique pure*），在這本書中提到了**「一般均衡分析理論」**。簡單來說，他也是第一個利用邊際觀念，將商品生產要素、消費者預算限

經濟學小詞典

➲ **一般均衡分析**：分析某產品的整體結構變化，把相互影響的因素納入考量，複雜但實用。

➲ **部分均衡分析**：假設其他會產生影響的市場條件都不改變，只考慮某產品在單一市場的供需和價格變化，我們看到的供需曲線圖就是一種部分均衡分析方式。

制、物價、貨幣供給等許多因素，利用聯立方程式求取均衡解的學者。這個分析方式對於個體經濟發展相當重要，因為分析方式相當實用，而且豐富了經濟學的題材，華拉斯後來也被尊稱為**「數理經濟學之父」**。

2 奧地利學派：孟格爾（Carl Menger, 1840-1921）

相較於華拉斯，孟格爾的名氣並不大，但和華拉斯一樣，幾乎在同個時期提出對邊際效用具有影響力的見解，所以被認為是新古典經濟學的重要人物之一。孟格爾早期學習法律，因此奠定深厚的哲學基礎，後來在維也納大學任教期間發表《國民經濟學原理》（*Principles of Economics*），吸引許多學者慕名而至，奧地利學派的形成就從這裡開始。

孟格爾是個知識相當豐富的哲學和法律學家，他的著作主要在闡述個人效用的問題。從效用問題中，孟格爾後來延伸出一個更具影響力的觀念——**「機會成本」**，也就是我們在抉擇一件事時所失去的最大成本。假設你的朋友要求你陪他看場電影，但同個時間你手中有兩張職棒冠軍賽的門票，如果你選擇去看電影，你的機會成本就是失去那兩張門票帶來的效用，反之亦然。機會成本看似簡單，但對孟格爾來說，他想

大師語錄 錢不是國家發明的，錢也不是法案的產物，政治當局對生產錢幣的控制實在沒有必要。——孟格爾

表達的是「**價格主觀認定**」；他所在乎的是價格的形成過程，不是價格的結果。

3 英國學者：傑方士（William Jevons, 1835-1882）

嚴格說來，傑方士並不屬於任何一個學派，不過傑方士是位出色的哲學家，主要攻讀數理邏輯及倫理學。他跟華拉斯一樣將數學活用在經濟學領域，充分表現在他後來的著作《政治經濟學理論》（*The Theory of Political Economy*）當中。

傑方士、華拉斯、孟格爾三人都對邊際效用提出相當重要的論述，但傑方士算是三人當中較早提出此概念的學者。除了效用理論的見解，傑方士更利用統計方式分析景氣循環。如今藉由電腦程式的運算，統計已經方便許多，但在當時卻鮮少有人能夠理解和操作，連帶導致他的統計相關著作並不突出，不過這絕對是經濟學研究方法的一大突破。一些學者認為，傑方士和華拉斯都是數理經濟學的創始人。

名家軼事

十八、十九世紀許多經濟著作的名稱都會用「政治經濟」（political economics），因為馬歇爾的著作和學術影響力強大，在他的鼓吹之下，經濟學在名稱上正式脫離「政治經濟」的用法。在馬歇爾之後，學界開始出現個體和總體的說法，所以也有學者稱呼馬歇爾為「個體經濟學之父」。

新古典經濟學在這三人的論述之中得到了基礎，後來在英國劍橋學派的經濟學家馬歇爾手中才被發揚光大。馬歇爾在《經濟學原理》一書中有系統地統整這些邊際學說，並且發表「供給需求法則」、「價格彈性」、「消費者及生產者剩餘」等學說。他成功將這些學說運用在分析各類經濟問題上，新古典經濟學就此有了完整的理論。

新古典經濟學的轉變：從百家爭鳴到百花齊放

十九世紀新古典經濟學的出現，伴隨誕生了許多學派和思維。它們不像之前的重農主義或重商主義後來都消失了，直到今日，這些學派反而各自走出不同的經濟學思考模式，豐富了整個經濟學。例如福利經濟學派對於現代財政學有很大影響；數理經濟學派擴大了統計的應用方式，對於現代賽局理論及總體計量模型有很大的幫助。

新古典經濟學裡最主要的三個學派，表現當然最為亮眼，在二十世紀以後拿下了多座諾貝爾獎。劍橋學派後來受到凱因斯的影響，在英國轉身成為「新劍橋凱因斯」學派；奧地利學派後來由海耶克（Friedrich Hayek, 1899-1992）重新奠定自由主義的思維基礎，成為捍衛經濟自由的重要學派，在二十世紀後期得到了英國首相柴契爾夫人（Margaret Thatcher）的重用，為八〇年代的英國開創新局。洛桑學派不僅有華拉

重點Snapshot 新古典經濟學結合凱因斯等新學派，孕育出更多現代經濟學觀念。

斯的一般均衡分析理論得到經濟學界的重視，他的學生巴瑞圖深深影響現代的福利經濟學、財政學等；此外，他們也承襲了數理經濟學派的發展，為個體經濟學不斷注入活力。

雖然新古典經濟學由這三個學派共同來發展，但在劍橋學派的馬歇爾集大成之後，各自又拓展新的出路，套句演藝圈常說的話，這就叫「單飛不解散」，所以新古典經濟學一直都是存在的。

凱因斯主義的出現，使得新古典經濟學分成兩股勢力，一股合流於以美國哈佛和麻省理工學者為主的「**新古典綜合凱因斯學派**」，一直延續至今，也成為了所謂的「主流經濟學」。另一股勢力仍然強調自由經濟的價值觀，在理性預期學說提出之後，成為了「**新興古典經濟學**」。

名家軼事

凱因斯理論的實用性深獲政府喜愛。凱因斯雖然注重短期效用，但他所謂的長短期不是以年分多寡決定。短期代表著生產要素固定不動、生產成本相對固定；長期則表示生產要素和成本都有大幅度的增減。對政府來說，長期的變動時間點難以預測，所以凱因斯著重短期，有其道理存在。

（五）凱因斯經濟學（Keynesian economics）

馬歇爾利用「邊際」觀念重新詮釋了經濟學，他的得意門生——凱因斯將這套理論推上一層樓，從此改變經濟學的研究方向，不僅形成現代的主流，更直接挑戰了「看不見的手」。

※ 凱因斯經濟學的主要概念：提振需求，國家政策很重要

凱因斯的理論能夠如此突出，與當時一次世界大戰全球陷入經濟大恐慌有很大的關係。當時不論古典經濟學或後來的新古典經濟學，都找不到的一個理論可以解釋這前所未見的蕭條，但凱因斯辦到了，更重要的是，他有效地解決了問題。

凱因斯求學時十分重視馬歇爾的學說，但他勇於發表文章挑戰自己的老師，認為過去推崇的「賽伊法則」及從「供給面」制定政府政策是錯的；相反地，凱因斯從

博君一粲 政治人物都很熱愛凱因斯，因為沒有政治人物會拿自由主義的小政府論述來證明自己的無能。

「需求問題」及「短期失衡」問題出發，駁斥過去的學說。由於重視短期問題，許多經濟學家批評他的理論缺乏適合一個國家長期發展的論述，他卻以「長期，我們都死了」來回應。這些論述足以證明凱因斯也是一個務實的經濟學家。

會專注從「**需求面**」著手，其實目標指向一個重要的價值觀，那就是**支持政府積極干預**。凱因斯挑戰過去人人信奉的「看不見的手」，認為政府有必要積極創造有效的需求，透過擴大支出的方式直接刺激經濟的循環。我們現在可以看到每當經濟不景氣時，政府就會提出許多建設方案，這個理論就是凱因斯所提，包括消費券也是從這想法延伸出來。為達經濟復甦目的，應該不擇手段，這是對凱因斯個性很好的寫照。

儘管凱因斯的論述在一九三六年才在他的著作《一般理論》（*The General Theory of Employment, Interest and Money*，有人稱為《通論》）中完整地呈現出來，可是早在一九三三年美國總統羅斯福（Franklin D. Roosevelt）就已相當重視這位學者。羅斯福根據這些理念提出「新政」（New Deal），挽救內外交困的美國。沒多久二戰爆發，

名家軼事

薩繆爾森可以說是美國早期最重要的經濟學家，他提升了數學在經濟學中的分析方式，特別是計量。薩氏更統一了經濟學中許多含混不清的術語和名詞解釋，為現代經濟學奠下重要的基礎。近代凱因斯經濟學的信徒，甚至認為薩繆爾森的重要性足以和凱因斯並提。

美國大獲全勝，奠定了現在全球的地位，羅斯福也因此贏得重要歷史地位。當然，這更證明了凱因斯的重要性，一股研究凱因斯經濟學的旋風正式拉開序幕。

☼ 凱因斯經濟學的主要發展：新古典綜合凱因斯（neoclassical synthesis）

雖然有學者認為凱因斯經濟學誕生之後，新古典經濟學就結束了，其實不完全是這樣。凱因斯經濟學獲得了全球的注目之後，許多經濟學家開始從他的論述中得到啟發。一九三〇年至一九五〇年這二十年期間，有兩位重要的經濟學家將凱因斯經濟學結合了新古典經濟學的理論，將彼此帶向新的境界。

首先登場的是和凱因斯一樣來自英國的經濟學家希克斯（**John Richard Hicks, 1904-1989**），他也具有深厚的數學底子，而他最重要的成就也跟數學有關。現在總體經濟學課本裡面有一個大家一定要會的模型 IS-LM，就是出自希克斯之手。他先比對凱因斯理論以及新古典經濟學理論，然後透過這個模型將凱因斯理論中關於貨幣、利率、消費和投資等因素以圖表解釋，這是凱因斯經濟學和新古典經濟學結合的第一步。希克斯另外還寫了關於**替代效應**及**收入效應**等著作，並且架構了「**比較均衡分析**」，亦豐富了凱因斯經濟學的內容。

重點Snapshot 凱因斯過世後，其信徒分為新古典綜合凱因斯、劍橋凱因斯兩派。

另外一位重要推手就是哈佛大學的經濟學家薩繆爾森（Paul Samuelson, 1915-2009），他是第一位獲得諾貝爾經濟學獎的美國人。薩繆爾森除了是凱因斯的擁護者，他也開啟了計量經濟學的研究。他認為凱因斯和新古典經濟學有共通之處，將凱因斯關於收入和消費等理論與新古典經濟學中的價格理論綜合在一起，也就是後來著名的**「乘數－加速原理」**，彌補了凱因斯針對「有效需求」學說的不足。

薩繆爾森統整凱因斯的理論，並且編輯《經濟學》（*Economics: An Introductory Analysis*）一書，這本書後來也成為大學教科書。由此可見，為什麼教科書裡盡是凱因斯的想法，其實就是從薩繆爾森開始。在這本書裡，他也第一次將自己的理論命名為「新古典綜合凱因斯」，同時賦予凱因斯理論及新古典經濟學理論新的生命。

凱因斯的學說除了由薩繆爾森等人加以修正，其實在同個時期，以馬歇爾學說為主的英國劍橋學派也融入了凱因斯的思維，但對於價格理論及分析方式的理念不同，因此被稱為「劍橋凱因斯學派」。另外，劍橋派主張將凱因斯和李嘉圖的學說結合，綜合派則是取道新古典經濟學的價值論。兩派彼此互爭正統，也因為有這些激盪，使得凱因斯經濟學備受推崇將近一個世紀。

凱因斯經濟學的轉變：現在，我們都是貨幣主義者

時間來到一九七〇年代，全球爆發第一次石油危機，通貨膨脹問題成為全世界最頭痛的焦點。新古典綜合凱因斯學派面臨了第一次的大挑戰。凱因斯主義無法有效解決通膨問題，政府的財政政策屢屢失效，此時標榜著貨幣數量才是經濟關鍵的「貨幣主義」占了上風。後來美國總統雷根（Ronald Reagan）和英國首相柴契爾夫人遵行貨幣主義的政策，打開了八〇年代的繁榮。

凱因斯主義者並沒有反對貨幣政策的效用，就如貨幣主義領袖學者傅利曼（Milton Friedman, 1912-2006）曾說過：「現在，我們都是凱因斯主義者。」新綜合凱因斯學派一位代表人物莫迪利安尼（Franco Modigliani, 1918-2003）後來也說：「現在，我們都是貨幣主義者。」這兩段對話頗值得玩味，不過也可以看出凱因斯主義一直不斷在修正，也不停有新思維注入。七〇年代後，除了來自貨幣主義的挑戰，奧地利學派、供給學派和理性預期學派也不斷挑戰凱因斯經濟學的論述，並批評政府政策的干預。這些挑戰者多半帶著古典經濟學自由主義的色彩，也讓古典經濟學在這個時期重新獲得重視。

重點Snapshot 新興古典經濟學派延續古典經濟學自由主義的精神；新古典經濟學則是出自於對於古典經濟學論述和研究方法的反思。

九〇年代之後，新古典綜合凱因斯學派也做了很大的改變。一批以美國國家經濟顧問主席曼坤（Nicholas Mankiw, 2003-2005 在任）為首的凱因斯學者，創建了**新凱因斯學派**（New Keynesian economics），納入部分貨幣主義和理性預期學派的看法，成為凱因斯經濟學的新顯學。

數學統計方法的進步，讓凱因斯經濟學的研究方式壯大；技術、服務產業的創新，也讓研究領域更加深廣。凱因斯經濟學就像大海一樣能納百川，同時也是一把經濟學鑰匙，敞開經濟學視野，至今屹立不搖。

（六）新興古典經濟學（new classical economics）

☼ 新興古典經濟學的主要概念：理性的經濟個體，就有理性的預期行為

七〇年代的新古典綜合凱因斯學派面臨了許多學派的挑戰，新興古典經濟學就是這股新思維的泛稱。和新古典經濟學一樣，新興古典經濟學也有三個學派作為代表：

經濟學小詞典

➲ **訊息經濟學**：一九六一年由芝加哥大學教授史蒂格勒（George Joseph Stigler）所提出，主要探討人在尋求理性的過程中，會花費許多搜尋成本，以達到最佳的交易效率及效用。所以訊息經濟學是人類對於資訊取得的一種行為探討。

以貨幣主義為主的**芝加哥學派**（Chicago School of Economics）、以「理性預期學說」為主的**理性預期學派**（Rational Expectations），以及遵從「賽伊法則」的**供給學派**（supply-side economics）。

新興古典經濟學一方面嚮往古典自由主義，和古典經濟學理念一致，認為政府過多干預沒有必要；另一方面也承襲新古典經濟學關於市場均衡的假說，有別於凱因斯認為「失衡」才是常態的論述。但新興古典經濟學的核心觀念不是邊際，也不全然認同「賽伊法則」，反而架構在「理性預期學說」上，所以也有人用「理性預期學派」稱呼新興古典經濟學。這和新古典經濟學用「邊際學派」來稱呼有異曲同工之妙。

理性預期學說其實是個很有意思的想法。舉個例子來說，假設今天氣象局判斷強烈颱風三天後會進入台灣，下一秒鐘，我們會發現菜市場的蔬菜水果和便利商店的泡麵可能就被搶購一空。天氣變化其實很難準確，颱風可能從強變弱甚至消失，可是我們仍會依照自己的經驗預期可能情形，從而做出下一步動作；「有備無患」就是最好的形容。新興古典經濟學十分重視這種預期行為，所以將這概念運用在貨幣政策上，認為政府的出手干預，往往規劃多而動作慢，比不上民間的反應，因此凱因斯學派主張的貨幣政策和財政政策，無法產生太大的效用。

重點Snapshot 新興古典經濟學派有兩大特點：（一）理性預期；（二）自由放任。

不過預期行為其實早在古典經濟學時期就有相關討論，因為它們被視為人類理性的一部分，只是當時並沒有完整的論述，也沒有更好的方法彰顯它們的價值。以古典自由主義為基礎的新興古典經濟學派開啟了這方面的研究，並且加以有效運用。

除了運用在貨幣問題上，其他如消費與收入，甚至社會問題，都可以看見新興古典經濟學廣泛運用「理性預期學說」的身影。例如芝加哥學派就認為我們現在的消費支出一定會被可預期的未來規劃所牽制，藉此反駁凱因斯提出的消費理論。這些「理性預期」概念，後來在個體經濟學裡有也有專門討論，我們稱之為**「訊息經濟學」**。

八〇年代後，古典經濟學的精神在新興古典經濟學身上重新振作。除了這三個新興學派，奧地利學派的海耶克提倡「新自由主義」，也是挑戰凱因斯不遺餘力的學派。支持及反對政府干預的兩大陣營對壘，使二十世紀末至今的經濟學相當精采。

❊ 新興古典經濟學的主要發展：自由主義！反對干預！芝加哥學派、理性預期學派、供給學派

不同於過去以歐洲學派為主，二十世紀恢復古典自由主義的思想，主要是由美國經濟學家開始挺身呼應。不過除了芝加哥學派，新興古典經濟學的其他學派還相當年

輕，並不像新古典經濟學時期的三大學派那樣，各自擁有嚴謹的論述和學派成員，未來還有很多的成長空間。

1多元發展的芝加哥學派

習慣上，我們說芝加哥學派就等於貨幣主義。但實際上，芝加哥學派相當多元。

新興古典經濟學流派中，芝加哥學派是最早誕生的。約莫在一九三〇年代後期，凱因斯經濟學提供了政府干預經濟的理論基礎以及方向，頗受世界各國重用，但芝加哥大學裡一群年輕教授受到海耶克「新自由主義」的影響，專心研究新古典經濟學探討貨幣的問題，強調「自由放任」的重要性，企圖重振《國富論》的精神。

終於在一九五六年，經濟學大師傅利曼發表了一本曠世巨作《貨幣數量論》（*The Quantity Theory of Money*），這本書和凱因斯的《一般理論》堪稱是二十世紀最重要的兩本經濟學著作。在書中，傅利曼重新解釋了現代貨幣的經濟意涵及使用基礎，今日每個國家都會成立一個類似中央銀行的機構，能夠在各時期超然獨立操作國家貨幣政策，以維持經濟穩定，這正是傅利曼帶給我們的禮物。這本著作還有另一個特點，那就是傅利曼運用了許多計量模型來解釋貨幣問題，提供現代總體經濟學一個

重點Snapshot 凱因斯《一般理論》與傅利曼《貨幣數量論》是二十世紀最重要的兩本經濟學著作。

新的研究方法。

傅利曼的影響力震驚整個學界，也打開芝加哥大學的知名度，而「芝加哥學派」這塊金字招牌就從一九六〇年代後開始流傳。傅利曼的學說也讓同時期的新古典綜合凱因斯學派折服，凱因斯主義因此有了後來的修正。一九六二年，傅利曼將他的哲學和經濟學思維寫在新作《資本主義與自由》（*Capitalism and Freedom*）一書中，這本書的問世確認了「貨幣主義」的誕生，從此芝加哥學派和貨幣主義劃上等號。

不過，如果以為芝加哥學派單純研究貨幣問題，那就大錯特錯了。芝加哥大學是人文薈萃的學術聖地，瀰漫著自由主義的思維。傅利曼先從貨幣理論方面挑戰支持政府干預的凱因斯學派，後來在一九七〇年代，另外一位大師級的經濟學家盧卡斯（Robert Emerson Lucas, Jr., 1937-）發表了理性預期學說，從實際政策面來批評政府干預的無效，再度掀起經濟學的新觀念革命。

這股自由經濟主義風潮甚至吹向個體經濟學領域。一九六〇年代，芝加哥學派將個體經濟學與社會學、心理學及政治學等緊密結合，大家耳熟能詳的「**寇斯定理**」就

經濟學小詞典

➲ **菲利浦曲線**（Phillips curve）：紐西蘭經濟學家威廉．菲利浦（William Phillips）在他的統計著作中，根據英國的總體經濟狀況提出了一套失業率與通貨膨脹率之間的關係曲線。透過這條曲線，我們發現失業率較低時，通膨率較高；失業率較高時，通膨率則較低。也就是說，失業率和通膨率呈反向的變動。

是在探討制度和交易成本問題，後來獲得諾貝爾獎的殊榮；而經濟學家貝克（Gary Stanley Becker, 1930-）在同個時期提出一些社會經濟問題的探討，如歧視、人力資源等，也得到諾貝爾獎的肯定，開創個體經濟學新的研究領域和方法。《蘋果橘子經濟學》（*Freakonomics*）作者李維特（Steven D. Levitt）就是師承貝克，也帶給許多人對經濟學耳目一新的觀點。

2 開創總體經濟新領域的理性預期學派

是的！理性預期學派其實是從芝加哥學派再細分出來的學派。在一九七〇年左右，由芝加哥大學任教的盧卡斯、華萊士（Neil Wallace）以及明尼蘇達大學教授薩金特（Thomas Sargent）三人提出「理性預期理論」，奠定了該學派的基礎。

理性預期學派後來之所以被切割出來，除了在貨幣理論上認為貨幣是中性的，不會影響社會的實際產出，這一點和貨幣主義有很大出入，而且比較接近古典經濟學的看法；另外，理性預期學派批判凱因斯的力道遠超過芝加哥學派，關於通貨膨脹和失業的問題，壓根兒就認為「**菲利浦曲線**」（失業和通膨率相關曲線）不可能發生。理性預期學派因此和芝加哥學派有所分別。

博君一粲 據說經濟學家盧卡斯的太太在與盧卡斯的離婚協議書上，預測丈夫將於一九九五年前拿下諾貝爾獎，倘若成真，獎金必須分一半給她。結果盧卡斯真的獲獎，有人笑說盧卡斯太太才是最懂預測的經濟學家。

到了二十一世紀，理性預期學派對於總體經濟分析的質與量，成為凱因斯經濟學最大的競爭對手，甚至新凱因斯學派也不得不引用理性預期的看法。理性預期最早從貨幣政策的探討，到後來投入在「商業週期循環」、「經濟成長模型」、「政策落差」等主題。這些研究一方面加深了理性預期學派的應用，另一方更為計量經濟學帶來更多豐富的研究方法和範圍。

理性預期學派後來成為新興古典經濟學的主要流派，除了是因開拓了經濟學新視野之外，他們更是近十年諾貝爾經濟學獎的常客，可見其理論逐漸被重視。「理性預期學說」熱潮甫開始即備受注目，新興古典經濟學也因此擦亮了招牌。

3以行動代替理論的供給學派

如果三個學派之間要比較誰愛護古典經濟學，供給學派可以算是極端分子。顧名思義，供給學派強調生產力的重要，除了打著恢復「賽伊法則」的口號，也重新強調

經濟學小詞典

➲ **拉菲爾曲線**（Laffer curve）：由美國經濟學家亞瑟·拉菲爾（Arthur Laffer）提出。拉菲爾發現國家稅收和稅率之間剛好呈現一個拋物線；稅率愈高，稅收反而減少，因此應該尋找拋物線頂端的最適稅率。據說當初拉菲爾提出這個概念時，許多經濟學家在他的論文中找不到相關圖形，原來他將這個曲線畫在某家餐廳的餐巾紙上，還未正式發表。

「小政府」的重要性。當然，這年代矛頭一定要對準凱因斯學派才會被重視。由於供給學派極端信仰亞當・斯密的學說，於是有學者將之視為新興古典經濟學的一支。

不過，供給學派是否能算是新興古典經濟學的一支，至今仍有爭議。而且，這個學派壽命並不長，一般說來從一九八〇年開始，至一九九〇年就幾乎結束，所以也有人說，供給學派其實是個行動多於理論的學派。

供給學派的崛起，也和美國總統雷根有相當大的關係。一九八〇年全球剛面對完石油危機問題，通貨膨脹變成先進國家的經濟惡夢，經濟學家拉菲爾（**Arthur Laffer, 1940-**）提供古典經濟學的經濟循環論給他的好友雷根總統，作為決策時的參考。拉菲爾提出了相當有名的**「拉菲爾曲線」**（稅收與稅率的關係圖），致使雷根總統於八〇年代做出了大量減稅的舉動。而在大西洋彼岸的英國，柴契爾夫人也採用了放任政策，全球經濟因此進入十多年的黃金成長，台灣和南韓等也在這段時間受惠。後來有人將拉菲爾等這群經濟顧問統稱為供給學派，或稱之為雷根經濟學。

供給學派注重在政治上的實現，因此很多學者批評該學派根本沒有中心思想和基礎論述，特別是在八〇年代之後，美國削減了許多社會福利支出，資金信用擴張迅速，貧富差距也快速拉大，帶來許多社會問題。一九九二年柯林頓（**Bill Clinton**）總

重點Snapshot 流動性陷阱發生在利息貼近零的時候，此時貨幣政策很難再帶動經濟復甦。

統當選之後，供給學派的聲音就不復見了。

☼新興古典經濟學的挑戰：雷曼兄弟（Lehman Brothers）破產與歐債的啟示

一九三〇年代經濟大恐慌，一般認為是需求不足所導致；一九七〇年代全球大通膨，石油危機是主要凶手；二〇〇七年雷曼兄弟破產事件爆發，緊接著歐債違約問題接踵而來，但這一回，又是什麼原因呢？

其實不只是新興古典經濟學家遇到挑戰，新凱因斯學者們也一樣頭疼。但是對於標榜「貨幣非常重要」的芝加哥學派來說，降息已無去路，政府三次放出量化寬鬆政策來拯救經濟，似乎也像丟進無底洞一樣，讓人不免直接想到凱因斯所提過的「流動性陷阱」問題。貨幣主義的觀點其實受到了相當大的檢視。

在這次的金融危機之後，愈來愈多人懷疑自由放任的市場是不是存在更多金融危機。市場看不見的手到哪兒去了呢？二十一世紀的金融交易和工業生產複雜程度遠勝過往，我們真的還能相信放任嗎？古典自由主義的觀點遭到各方的挑戰，特別是貧富對立的情緒，在美國竟演變成「占領華爾街」的抗議活動。對追求自由經濟為目標的新興古典經濟學派而言，這是一九五〇年以來最嚴重的挑戰。

3分鐘 重點回顧

❶重商主義的主要概念是累積資本及資源，打造強盛的國家，首要注重黃金白銀及其他貴金屬的占有。

❷重農主義的主要概念是遵循自然，以人的基本自由為出發點思考經濟活動，首要注重土地的投入成本與產出。

❸重農主義以改革重商主義為主，但兩者都認同資本累積的重要，關鍵在於重農主義尊重自由、自然的理念。

❹古典經濟學派承襲重農學派的自由放任說，但並不專注在農業活動上，反而強調任何形式的生產對於經濟皆有幫助。

❺古典經濟學的中心思想來自賽伊法則（供給自創需求），相信透過市場的自由競爭，可以帶來經濟的穩定均衡循環。

❻彌爾並不支持古典經濟學派標榜的小政府精神，認為政府必須花相當大的心思補足社會問題。他也對供給自創需求的推論保持懷疑，反而更重視需求問題，以有效需求說修正古典經濟學，帶來重要轉變。

❼新古典經濟學強調個體分析，重視數學運用，從邊際問題裡開拓新的經濟學領域，有人遂以邊際學派稱呼新古典經濟學派。

❽引領新古典經濟學發展的主要是洛桑學派的華拉斯、奧地利學派的孟格爾，以

及英國學者傑方士。

❾ 新古典經濟學在劍橋學派經濟學家馬歇爾手中，因為有系統地介紹供給需求法則、價格彈性、消費者及生產者剩餘等學說，從而被發揚光大。

❿ 凱因斯主義的出現，使新古典經濟學分成兩股勢力，一股合流於哈佛和麻省理工學者為主的新古典綜合凱因斯學派（今日主流經濟學），另一股仍然強調自由經濟的價值觀，在理性預期學說提出之後，成為新興古典經濟學。

⓫ 凱因斯經濟學從需求問題及短期失衡問題著手，支持政府積極干預。希克斯及薩繆爾森進一步將凱因斯學說與新古典經濟學結合，成為新古典綜合凱因斯學派。

⓬ 新興古典經濟學一方面嚮往古典經濟學的自由主義，另一方面承襲新古典經濟學關於市場均衡的假說，架構在理性預期學說上，有人以理性預期學派稱之。

⓭ 理性預期學說重視預期行為，認為政府出手干預往往規劃多而動作慢，比不上民間的反應，因此凱因斯學派主張的貨幣政策和財政政策，無法產生太大效用。

⓮ 二〇〇七年金融危機爆發後，愈來愈多人懷疑自由放任的市場，以追求自由經濟為目標的新興古典經濟學派，遭受到了嚴重的挑戰。

Day 03 Wednesday

星期三

重要人物與理論

-Scholar & Theory-

從重商主義到現代經濟學，四百多年來重要人物輩出。如果把經濟學比喻成一家大型購物中心，各家學派就像不同的精品店，販賣理念和價值觀，而經濟學家就像設計師，不斷推出新品，帶給這社會更多的想法和進步。

哪些人物對經濟學做出重大貢獻？——重要經濟學家及理論

這一章要來聊聊一些重量級的經濟學家，其中有些是前一章稍微介紹過的，有些則是對現代經濟學有顯著貢獻的人物。

不過，由於亞當．斯密和凱因斯已在上章介紹學派的段落中有諸多著墨，這兩位堪稱人類有史以來最偉大的經濟學家，在接下來的章節中將以畫龍點睛的方式貫穿全場，突顯他們的貢獻。

古典經濟學集大成者

李嘉圖（David Ricardo, 1772-1823）

在介紹古典經濟學派時，我們知道李嘉圖對於古典經濟學的發展至為重要，僅次於開山祖師亞當．斯密。他也可能是這兩、三百年內**最富有的經濟學家**，因為他非常能夠學以致用，徹底將所學發揮在他的金融事業上。李嘉圖更是唯一一位**沒有經過大學學術教育**的偉大經濟學家，一個不折不扣的業餘經濟學愛好者。

☼ 頑固的天才少年

李嘉圖出生於荷蘭的猶太家庭，但父親從事金融業，因此很小時全家就移民到英國倫敦，在當時全球金融業最發達的城市裡成長。成長地加上家庭背景，讓李嘉圖從小就對經濟活動充滿興趣，他因此放棄進入正統大學就讀，十四歲時跟隨父親的腳步投入證券業。

不過年輕氣盛的李嘉圖可是個非常固執的傢伙，儘管父親給予他優渥的成長環境，也培養他接班金融事業，但是李嘉圖在二十一歲那年，不顧家人強力反對，固執

重點Snapshot 李嘉圖補足亞當．斯密的諸多想法，開創自己的經濟學理論，是古典經濟學的重要人物。

地娶了一位基督教徒為妻。這種異教的結合，對於當時的猶太教是一種大忌，因為基督教是一神論，對於信仰三位一體的猶太教來說是個異端，所以後來李嘉圖跟爸媽徹底決裂，父親甚至把他趕出家門，斷絕父子關係。一直到父親晚年，李嘉圖才與其重修舊好。

儘管李嘉圖年紀輕輕就放棄學業投入商場，還被逐出家門，他後來自己開公司執業，依靠著過人的商業直覺，在婚後沒多久就已是英國家喻戶曉的富豪之一。據說他過世時累積的財產，換算今日價值約莫三十幾億台幣。二十七歲那年，他在一次偶然機會中閱讀了亞當．斯密的《國富論》，發現自己對經濟學的興趣，從此改變了他的一生，從商業巨擘搖身一變成為經濟學家。

☼ 十年寒窗無人問，一舉成名天下知

由於從事金融業，李嘉圖開始研究經濟學時，得到了許多人的幫助，也結交了很多好朋友。馬爾薩斯就是他很重要的一位摯友，兩人的論點處處針鋒相對，卻也互相

經濟學小詞典

➲ **差額地租說**（differential rent）：土地和土地之間有許多差別，包括土壤肥沃、區位、品質等，這些因素影響了土地的產出，因此土地和土地之間有租金上的差異。李嘉圖提出差額地租說，並指出土地租金是根據穀物在市場上的價格，土地租金並不會影響穀物價格。這個觀念建構了李嘉圖對於階級問題、貧富差距的想法。

激勵切磋。

苦讀經濟學十年後，三十七歲那年，李嘉圖終於發表了第一篇學術論文，是關於貨幣的學術著作，之後又發表了「**差額地租說**」，為古典經濟學勞動價值理論奠定了更有力的論述。一八一七年，他將自己的經濟思想集結成冊，發表了《政治經濟與賦稅原理》（*On the Principles of Political Economy and Taxation*）一書。除了將勞動價值的問題詳細記載之外，這本書有兩項研究對經濟學相當重要。

第一項是大家較為熟悉的「**比較利益**」。亞當．斯密相當強調分工的重要性，李嘉圖以此為出發點，利用用葡萄牙的酒與英國的布作為比喻，說明每個國家都應該盡量生產自己優勢的產品，這樣除了可以拓展彼此交易的利益，對於資源的利用也會更有效率。除此之外，他更認為政府不應該在貿易中插手干涉，這會破壞生產效率，也會破壞貿易價格。這項學說也為後來的國際貿易理論奠下基礎，現代國家殷切盼望的FTA（自由貿易區）、WTO（世界貿易組織）等，都是在追求自由貿易的想法。

第二項是「**李嘉圖等值定理**」。李嘉圖其實沒有在書中用這個名詞，而是後來的學者統稱。政府要籌措資金，最常做的兩個方法是「加稅」和「用債券舉債」，李嘉圖認為這兩個方法的長期效果是一樣的。簡單來說，「今日加稅，明日用舉債來彌補

大師語錄 舉債這種辦法，會讓一個政府毫無節制的揮霍，使我們忘記自己的處境。——李嘉圖

社會；今日舉債，明日必用加稅來還債」。李嘉圖當初是想表達財政政策的無效性，不過這兩百年來許多經濟學家為此爭論不休，要到二十世紀後期才有更完整的證明。

李嘉圖的許多論述，到了新古典經濟學時期強調邊際的觀念之後，才真正開始大放異彩，也因此被後世肯定為最重要的經濟學家之一。

壯志未酬的一生

李嘉圖從金融業發跡，然後轉入學術圈發光發熱。俗話說得好，「學而優則仕」，對經濟問題有了深刻想法之後，一八一九年，李嘉圖競選英國國會議員，並且順利當選，努力地去實現理念。

他在任職期間推廣自由貿易的重要性，並強力主張廢除英國的《穀物保護法》（*Corn Laws*），導致當時政治圈的一番大論戰。其實李嘉圖本身是位地主，廢除《穀物保護法》對他的個人事業有直接傷害，但他仍然擇善固執，即便面臨龐大的壓力。三十年後英國政府正式廢除這項法律，不過李嘉圖並沒有辦法親眼目睹這場爭論的勝利，他在一八二三年因病過世，享年五十一歲。

功利主義與經濟學

邊沁（Jeremy Bentham, 1748-1832）

嚴格說起來，邊沁並不算是正統的經濟學家，儘管他也有不少經濟學相關的著作。他的功利主義論述才是最重要的影響，特別是個體經濟學，如果沒有邊沁的功利主義，現代國家的福利政策也許還會停留在原始時代吧！

抑鬱寡歡的熱血天才

邊沁出生於英國倫敦，父親和祖父都是政治思想相當保守的律師。小時候的邊沁很早就跟著父親學習法律，三歲就開始學習拉丁文，並且廣泛閱讀許多哲學和歷史書籍，遠遠超越同齡小孩的學習範圍。

一七六〇年，十二歲的邊沁就因過人的學識，進入英國倫敦大學就讀。不過，因為年齡和個性的關係，邊沁在自述中坦言，大學時他並沒有很愉快的學校生活。他沒有合得來的朋友，自己還不時批評老師，在其他大學生眼中，他像是個怪人。很快地，十五歲那年邊沁順利畢業，並於隔年拿下碩士學位。十八歲那年更一舉取得英國

重點Snapshot 邊沁的功利主義，開啟了現代國家的福利政策。

的律師證書。

儘管來自保守的律師家庭且擁有天才般的學習能力，邊沁在少年時期一直存著對保守主義反動的情緒和思想，這也可以從他對大學生活不滿的言語中窺探得知。在執業當律師之後，邊沁對於英國法律的僵化和不切實際深感不滿，他開始加以剖析法國啟蒙思想的一些論述，並且著手寫書，期待為英國政治社會帶來新的面貌。

✲ 功利主義的誕生

四十歲的邊沁出版了一本重要著作《道德與立法原理》（*Introduction to Principles of Morals and Legislation*），不僅打響了他的名號，完整的功利主義思維也從這裡發跡。

一般聽到「功利」兩個字，會讓人感覺是自私自利的意思，這應該是中文翻譯的問題。「功利主義」（Utilitarianism）其實是探討人類追求快樂幸福的哲學思維，也可以翻成「**效用主義**」。中國古代的墨子、西方哲學家伊比鳩魯（Epicurus），都算是早期偉大的功利主義思想家。不過一直到了邊沁，功利主義才有明確的名稱定義，並且富含政治和經濟意義。邊沁的功利主義主要可以分為兩大原則，下面分段說明。

第一項原則，就是所謂的「**自利選擇原理**」。簡單來說，什麼是痛苦？什麼是快樂？如人飲水，冷暖自知，每個人都是自己幸福最好的判斷者。判斷幸福和痛苦是理性的表現，每個人都會努力爭取自己的最大幸福。

第二項原則，就是「**最大幸福原理**」。邊沁在書中提到，人都會趨樂避苦，整個社會呈現的文化行為也是一樣。不管在倫理道德或法律規範裡的一切表現，都以「苦與樂」的感覺為出發點；離開感覺是沒有意義的行為。舉例來說，法律會處罰犯罪的人，這是一種對於被害者痛苦的彌補，同時也是一種嚇阻，期待能去除社會對於犯罪行為的恐懼不安。邊沁進一步認為，社會是由個人所組成，所謂社會的幸福，就是個人幸福的加總，每個人在追求自己的幸福時，社會整體的幸福也會跟著增加。但是現實中，每個人追求最大幸福的過程裡，難免會傷害到其他人，使得整體社會無法達到最大幸福。所以，「大家都能最幸福」是個理想，追求「最大多數人的最大幸福」，才能取得政策的道德正當性。

邊沁將這兩項原則連結到經濟學裡頭，從而認同古典經濟學鼓吹的自由放任，主張政府不應該阻擋個人追求最大幸福，只要做好保護私有財產及個人自由不受任何侵犯就好。邊沁無疑給了自由主義強有力的背書，卻也讓當時的古典經濟學研究方向產

大師語錄　趨樂避苦，乃是人類一切行為的動力。——邊沁

生了變化，從總體面向轉而關注個體效用，間接地揭開新古典經濟學的序幕。

功利主義的轉變

邊沁定義了功利主義，使其在十九世紀初躍上舞台，影響了半個世紀的古典經濟學，然而功利主義到了十九世紀中有了很大的轉折。

在談論古典學派時，我們提過一位關鍵人物——彌爾。彌爾的父親正是邊沁的門徒之一，因此彌爾從小就耳濡目染功利主義思維。不過彌爾個性溫和且富有同情心，他不很認同父親和邊沁現實的功利思想，於是晚年寫了一本書重新定義功利主義。彌爾認為個人所謂的最大幸福，並不是自己的幸福，而是與此有關者的幸福，原因在於我們很難不與人交集，追求幸福不可能不去影響到其他人。

現實生活中也有太多例子可以說明，例如每間公司都想要賺更多的錢來獲得滿足，因此亂砍森林、盜採砂石，甚至隨意排放工業汙水，規避成本和責任。公司賺了

經濟學小詞典

享樂主義與功利主義：功利主義追求幸福，認為人類的每個行為都可以用快樂和痛苦解釋並加總，人們應該追求效用最大化，也就是滿足。享樂主義者認為人們應該要盡力趨樂避苦，主張幸福才是唯一值得追求的事。不過後來有哲學家也批評，如果心裡的欲望只有追求快樂，最後不一定快樂，這就是「享樂主義矛盾」。

很多錢，但社會上其他大多數人會因為這種商業行為而感到不舒服。站在彌爾提出的功利主義論點來看，這種自私的行為就稱不上是有效用（utility）的事。

這個新觀念一提出，受到各方經濟學家的極大重視。它不僅點出了邊沁強調的「利己主義」與「自由放任」之間所引發的社會階層問題，也提供了政府插手社會福利最佳的論述。後來的邊際學派相當認同彌爾的功利主義觀點，因此開始針對個人、廠商的效用來做研究，因此現代的個體經濟學裡，處處可見經濟學搭載著功利主義的影子。十九世紀邊際革命三俠之一的傑方士，就曾戲稱經濟學已儼然變成「快樂與痛苦的微積分學」。

一八七〇年後，英國劍橋學派的經濟學家庇古（Pigou）將效用問題擴大到國家社會層面來考量，也就是社會福利政策，例如貧富差距、失業、各項救助等。福利經濟學逐漸成為重要的經濟學領域之一，後來甚至自成一派，功利主義的「最大幸福」思想，也在此延續發揚。

☼永遠的哲學激進分子

邊沁不是只有影響經濟學，政治和法律也因為功利主義的挑戰，開始有了相當多

博君一粲 經濟學就是快樂與痛苦的微積分。

思想的爭論，像是邊沁鼓吹的女性平等權利、動物權利、言論自由、奴隸問題、刑法法學基礎，甚至同性戀問題等等。其實這些才是邊沁當初寫書的目的，期待能改變英國法律的陋規。

中年以後的邊沁更加不喜愛社交活動，他總是花上許多時間看書和寫文章，並時常針砭時政，以社會改革者自居，也因此許多追隨者自願成為他的學生。邊沁儼然成為英國思想界的巨星。

一八二〇年前後，正值歐洲和拉丁美洲許多獨立民主革命運動盛行，邊沁非常支持這些反動者，甚至主動拜訪反動領袖。一八二三年，他和彌爾的父親一同辦報，鼓勵這一群「哲學激進份子」。這是相當大膽的舉動，邊沁對改革的狂熱可見一斑。

一八二六年，著名的英國倫敦大學建校，追隨邊沁的思維，成為全世界第一所沒有性別歧視、宗教歧視、政治歧視的高等教育學校。一八三二年，邊沁離開人世，遺體被做成標本安置在倫敦大學內，成為該校的「精神之父」。

名家軼事

彌爾最有名的一本著作《自由論》，對當時整個歐洲政治啟蒙思潮影響至大。這本書闡述了他的公平正義觀點，以及對於自由原則的看法，更融合了他對功利主義的修正，至今許多法律和政治教科書，都不得不將彌爾的觀點奉為圭臬。

馬爾薩斯（Thomas Robert Malthus, 1766-1834）

馬爾薩斯是個獨創一格的古典經濟學家。他的深遠影響並非來自當時最熱門的勞動、土地、資本等問題，反而是人口經濟問題。馬爾薩斯的論述被赫赫有名的生物學家達爾文（Charles Darwin）認為是十九世紀最重要的思想，一直到現在聯合國也致力於研究馬爾薩斯所提出的人口論。

在學術搖籃中長大

一七六六年馬爾薩斯誕生於英國，他的父親是牛津大學富有名氣的哲學家之一。從小在爸爸的安排下，馬爾薩斯在家接受家庭式教育，一直到進入劍橋大學為止，這是當時英國上流社會的習慣。

除了家庭式教育，馬爾薩斯的父親有兩位重量級思想家好友，他們更是馬爾薩斯思想的啟蒙導師；其中一位是法國啟蒙思想領導者盧梭，另外一位則是英國懷疑論者休謨。馬爾薩斯從小就耳濡目染他們的嚴謹哲學思考，不僅如此，與這些長者辯論更

重點Snapshot 馬爾薩斯是第一個用數學嚴謹的邏輯論證表示人口問題的經濟學家。

是他的樂趣之一。

十八歲那年，馬爾薩斯順利取得劍橋大學的入學資格，主修數學與哲學，畢業後繼續留在大學擔任研究員。馬爾薩斯最偉大的著作《人口論》也在這段時間問世，使得他在學術界一舉成名。

☼馬爾薩斯人口陷阱

十八世紀末，亞當．斯密的學說受到社會重視，這些認同聲音其實來自於自由主義的思想啟蒙。馬爾薩斯的父親和盧梭就是自由主義的捍衛者，肯定社會進步會自然演進。偏偏愛爭辯的馬爾薩斯從小到大都不這樣認為，他相信若無有效的人口控制，社會資源會枯竭，進步會停止。父子倆針對社會正義公平等問題爭論許久，一七九八年，馬爾薩斯在父親的支持下發表了《人口論》，開啟他學術生涯重要的一頁。

關於人口問題的探討，馬爾薩斯並非第一人，但是他運用簡單的數學幾何觀念來解釋，並加以道德的批判及邏輯的演繹推論，使得他的思想成為人口問題的主要脈絡。《人口論》這本書可以用馬爾薩斯在書中寫下的一個著名預言，也是後世最常引以為用的一段話來描述其大綱：「人口增長超越食物供應，會導致人均占有食物的減少，進而導致生命威脅和社會發展困境。」這也就是我們常聽到的「馬爾薩斯陷阱」。

馬爾薩斯是從歷史演變及政治現況中提出一套假設，他認為人口的成長呈現幾何級數（二，四，八，十六，三十二，……）增加，而糧食則是以算術級數（一，二，三，四，五……）增加，所以總有一天糧食會不足，且將因此導致殘酷的力量來抑制人口自然增加，例如戰爭、謀殺、疫病等。所以當一國人口快速增加，潛在的糧食問題也在增加，政府應慎重檢視人口結構，避免因糧食不足產生社會不安。馬爾薩斯更因此主張，最好的方法就是降低出生率與晚婚，不過這看法在當時引來相當多人的批評。

馬爾薩斯的關心並非沒有來由，這些爭奪糧食的故事確實在過去的歷史中不斷上演，至今仍有許多國家深陷馬爾薩斯陷阱，例如非洲飢荒。後來的經濟學家也利用馬爾薩斯的觀點探討天然資源問題，引起國際政治學相當多的討論。現代經濟學家批評馬爾薩斯的想法不切實際，因為全球的糧食問題在於分配不均，而非供給不足。此外，以馬爾薩斯所處的年代來看，他應該無法想像科技會進步得如此神速。不過，即便科技帶來人類資源的有效利用，我們還是無法否認馬爾薩斯陷阱的存在，畢竟人類

大師語錄 人口呈等比級數成長，糧食只以算數級數增加。
——馬爾薩斯

永遠無法預測未來的環境變化。

☼ 前衛的有效需求說

延續人口問題的研究，馬爾薩斯後來出版了一本《政治經濟學原理》。在這本探討經濟學問題的著作中，他首次提出不同於賽伊法則的觀點，也就是「**有效需求說**」。這個觀點在當時相當前衛，因為賽伊的論點強調儲蓄會帶給社會或個人財富的累積，有益而無害，但馬爾薩斯反駁這種說法。他認為儲蓄要有限度，否則會排擠消費，造成需求不足，導致經濟衰退。經濟學家彌爾十分認同這個思維，並且加以論證，影響了新古典經濟學對於個體經濟問題的研究。

馬爾薩斯其實也提出了一套解決有效需求不足的方法，那就是鼓勵有錢人多加消費，以及利用政府支出刺激需求。儘管他的想法當時沒有太多人理會，卻深深影響了凱因斯。凱因斯不僅在自己的書裡提到「**節約的矛盾**」，延續馬爾薩斯的觀念，更將擴大政府支出的概念理論化，成為現代主流經濟學。

經濟學小詞典

➲ **節約的矛盾**：凱因斯以數學方式證明，一個國家的消費力道會因提倡節約而導致減少，消費減少就是有效需求不足，將會帶來國民所得下降，投資減少，最後帶來失業，因而更不願意消費，變成惡性循環。此觀點主要在批評古典經學的鼓勵儲蓄，稱作「節約的矛盾」。

☼深遠的影響

李嘉圖是馬爾薩斯晚年相當重要的一位好友，馬爾薩斯在李嘉圖過世後，曾說道：「除了自己的家人，我從來沒有這樣愛戴過任何人。」好辯的他與李嘉圖在《穀物法》上爭鋒相對，堪稱是經濟學的經典對話，彼此的風度亦令後世讚譽有佳。這些答辯過程被完整收錄在李嘉圖的著作當中。

馬爾薩斯獨樹一格的思維，以及好辯又現實的說話技巧，使其學術生涯從來不乏批評聲浪。當時學者認為他的想法太過殘酷冷漠，把生產力問題歸罪於人口過剩，泯滅人性；也有學者批評他的想法毫無根據，人口和糧食並不能這樣計算。儘管如此，馬爾薩斯卻改變了政治學、經濟學、社會學甚至生物學的觀點。赫赫有名的生物學家達爾文曾說自己從馬爾薩斯的著作中得到「物競天擇」的啟發。達爾文將《人口論》換個角度來形容，他認為除了人類之外，其他生物無法有計劃且主動地增加食物數量，不適應環境的生物將被淘汰，留下的一定是有辦法適應環境的物種。後來的社會學家更將此結合而提出「社會達爾文主義」觀點，影響二十世紀全世界的政治發展。

馬爾薩斯既不推崇古典經濟學家的自由放任，也不推崇「供給自創需求」的說

重點Snapshot 馬爾薩斯和李嘉圖針對《穀物法》的大辯論，是經濟學界的經典之戰。

法。儘管有別於其他古典經濟學者，不過真理總是愈辯愈明，馬爾薩斯用嚴謹的思想開啟了經濟學的另一扇窗。

廠商理論之父 古諾（Antoine Cournot, 1801-1877）

十九世紀中，新古典經濟學興起邊際革命，經濟學的研究從哲學抽象探討，開始走向用數學方式來具體呈現，因此成就百家爭鳴的時代。除了功利主義帶來「效用」問題的探討外，以**統計方式**呈現的經濟學研究，就從古諾開始打下基礎。

✲ 平穩順利的求學生涯

古諾是個非常內向的學者，他不會和其他學者大肆辯論，也不喜歡爭功諉過，所以學術生涯相當平穩，甚少爭議，而他的成就在過世後才真的被經濟學家所重視。

一八〇一年，古諾生於法國的小康家庭。和當時一般小孩子無異，十五歲念完高中，古諾就開始找工作，因而進入一家法律事務所擔任助理。原本平凡的日子，卻因為接觸法律事務，發現自己對於哲學問題有著濃厚興趣，特別是數理邏輯學，古諾堅持數學是哲學最好的表達方式。二十歲那年，古諾努力地考上法國巴黎師範學院，開始了他的學術生涯。

大學期間古諾主修數學，畢業後順利進入巴黎大學攻讀數學博士。古諾的天分被當時有名的數學家卜瓦松（Siméon Denis Poisson）所賞識。卜瓦松就是統計學裡卜瓦松分配（Poisson distribution）的發明者，古諾從他身上獲得相當多的幫助，並且被推薦進入里昂大學擔任教授。一八三八年任教期間，古諾發表《財富理論與數學原理的研究》（*Researches into the Mathematical Principles of the Theory of Wealth*）一書，正式踏出數理經濟學的第一步。

☼ 古諾均衡與廠商理論

新古典經濟學是個開始研究個體經濟行為的年代，古諾當然也搭上這股風潮，不過不同於其他經濟學家探討人與國家政策，古諾從廠商交易的部分下手，利用他專業的數學知識，奠下經濟學對於交易行為探討的基礎。

市場交易競爭大致可以分成三種類型，**完全競爭市場**早在亞當．斯密時就已被廣

重點Snapshot 新古典經濟學的邊際革命，讓經濟學研究從抽象的哲學探討轉為具體的數學解釋。

泛討論，因為完全競爭市場可以視為信仰自由放任的理想經濟市場。但在現實生活中，真的達到完全市場的條件非常困難，因為政府會干預國際貿易，商人也會聯合制定價格，例如現在常可聽到某某同業公會這類團體，有時會制定一個基礎價格，目的就在防止同業廠商惡性殺價競爭。

另外一個較常見的是**寡占競爭市場**，也就是少數廠商壟斷。古諾最主要的研究就是來自於這方面的探討。

簡單來講，古諾假設礦泉水市場上有A、B兩家產品，可以完全替代，這兩家工廠也完全知道消費市場的需求函數。此時，為了搶占對方的市場，A、B都祭出不同的行銷策略，彼此互有消長一陣子。時間一久，雙方逐漸了解對手的策略，因而產生一條反應曲線，A、B兩家廠商暫時休兵，市場重新得到均衡，而這個均衡就是經濟學廠商理論的基礎概念「**古諾均衡**」。古諾的數學模型在當時沒有受到很多重視，也遭批評缺陷多有，一直到納許的學說發表之後才得以完整，所以古諾均衡亦稱作「古諾－納許均衡」。

此外，他在**獨占市場**問題中的論述也相當重要，當獨占廠商的邊際成本等於邊際

經濟學小詞典

寡占競爭與獨占性競爭：寡占和獨占性競爭都存在著市場遭到少數廠商壟斷的現象，但兩者是完全不一樣的型態。在寡占競爭市場裡，廠商和廠商之間會互相影響，產品完全替代，也就是說對方的生產量會完全影響我方的產量。在獨占性競爭市場裡，產品無法完全替代，就是所謂的產品差異化，例如iphone與htc。

效益（MC＝MR），就能夠利潤極大化，這是古諾提出的數學證明。儘管這些學說當時都存在一些缺陷，但無可否認，古諾確實為日後獨占、寡占、獨占性競爭（產品差異化）等廠商競爭理論打下深厚的基礎。

大器晚成的學術影響

一八七七年，古諾病逝於法國家中。他除了在廠商和價格理論上為經濟學帶來突破性貢獻外，還有博奕論等相關著作，運用了大量的統計學來解釋景氣。然而統計和數理等方式在當時曲高和寡，直到十九世紀末，在傑方士及華拉斯極力推崇之下，古諾的數理經濟才大放異彩。至於廠商理論的研究，則要到二十世紀中葉個體經濟學興起，才受到重視。

古諾的學術就跟他的個性一樣，溫和、低調，卻曖曖內含光。經濟學大師熊彼得曾說：「古諾是世界上最偉大的三位經濟學家之一。」雖然早期的學者認為他的學生華拉斯是「數理經濟學之父」，但古諾對於華拉斯的影響相當深遠。而現在，數學儼然成為經濟學的代名詞，古諾對於經濟學的重要性，已不可言喻。

重點Snapshot 古諾的廠商理論，開啟經濟學對於個體行為決策的數理研究風氣。

共產經濟思想的奠基者

馬克思（Karl Marx, 1818-1883）

如果要評選幾位人類歷史最偉大的思想家，馬克思必定會名列前茅。有別於古典經濟學的勞動理論，馬克思利用豐富的邏輯和哲學推論，創造自己的一套經濟體系，奠定了共產經濟論述，因而影響了全世界的政治與經濟。

提到馬克思，有兩件事時常會被人誤解：第一，共產思想由馬克思提出，這是錯誤的，共產主義源自柏拉圖所說「烏托邦世界」的概念。十八世紀末的歐洲已存在共產思想，當時支持共產思想的經濟學家被後來的學者稱作「空想社會主義者」或「烏托邦主義者」，直到馬克思出現，才賦予共產思想完整的架構和論述。

第二，誤解馬克思主義是一套不切實際的學說，甚至被喻為「邪說」。馬克思的想法遭到許多政治人物扭曲，變成專制國家實行高壓統治的藉口，而且我們認識到的馬克思主義，來自於其他相關的馬克思學派，例如列寧主義等，那並非馬克思當時所

經濟學小詞典

➲ **空想社會主義：**又稱烏托邦主義，認為社會應該建立在人們的理性與正義上，並提倡財產公有制，也就是共產主義思想的起源。空想社會主義者相當嚴厲批判資本主義帶來的剝削，以及許多泯滅人性的傷害。十八世紀英國企業家歐文（Robert Owen）曾在英國鄉下打造這樣的生活圈，可惜資金不足而失敗。

創建，甚至「馬克思主義」一詞，也是後來的歷史學家歸納得來，馬克思自己並沒有提過。

平心而論，我們不應該用共產主義的實現與否，以及共產主義國家的表現來評論馬克思的學說。在經濟學的思想發展中，馬克思促使資本主義的理論和價值觀重新被檢視。他從社會階層結構及長期經濟動態變化來分析經濟問題，其學說的重要性可與亞當・斯密相提並論。

☼ 顛沛流離的激進青年

馬克思出生於德國的猶太律師家庭，父親是很虔誠的猶太教徒，更是馬克思的啟蒙導師，施予宗教和律法的嚴謹訓誡，這對於少年時期的馬克思有深遠的影響，尤其讓馬克思好辯。他的邏輯推理比起同時期的中學生還要來得成熟許多。

在父親安排下，十七歲的馬克思進入波恩大學（University of Bonn）就讀法律，不過馬克思像脫了韁的野馬一樣，大學生活過得很靡爛，生活不外乎就是喝喝酒、寫寫詩，還到處跟朋友借錢。隔年，父親相當生氣地將他轉學至柏林大學，而這次的轉

大師語錄 最後一個被我們吊死的資本家，該是賣繩索給我們的那位。——馬克思

學也徹底地改變了他的一生。

柏林大學是十九世紀哲學思想的重鎮，哲學大師黑格爾（G. W. F. Hegel）就曾在這所大學任教。黑格爾過世之後，柏林大學一群師生承襲黑格爾的思想，醞釀一股反對專制政府的思維，後來歷史學家稱之為「青年黑格爾派」。在柏林大學就讀的馬克思深深被此派理念吸引，培養了他想利用哲學改變世界的志氣。他在寫給父親的書信中曾經提到這件事，可見馬克思對於政治改革的狂熱。

一八四二年，馬克思在拿到博士資格後，回到普魯士的萊茵報（*Rhenish Newspaper*）工作，沒多久就因激進的批判言論，遭到普魯士政府驅逐出境。在這段失業的日子裡，馬克思認識了他一輩子最好的朋友與支持者恩格斯（Friedrich Engels），成就了馬克思後來的成就。

總計馬克思在三十歲前，因為思想激進而被流放驅逐了六次之多。一八四九年，馬克思最後流放至英國倫敦，窮愁潦倒，他自嘲自己是個世界公民。但這六次的政治迫害，並沒有消磨他對於改變世界的意志，特別是在一八四五年時，他和恩格斯一同起草了《共產黨宣言》（*The Communist Manifesto*），成為他一生的志業。

☼ 三個重要的經濟思想

馬克思一生著作很多，一八六七年完成的《資本論》（*Capital*），足以貫穿他一生的思想。在這本書中，他先分析了古典經濟學相關的經濟理論，特別是批判勞動價值論。馬克思認為資本家的利潤主要來自剝削勞工的價值，舉個例子來說，勞工一天工作八小時所得的薪資足以維持生活，資本家卻要求至少工作十小時才願意雇用，且薪資以八小時來計算，這多出來的兩小時就是資本家的利潤所在。勞工是勞動供給方，而資本家是勞力需求方，當勞工不能團結或被法律保障，就會像完全競爭市場一樣，殺頭生意有人做，導致資本家能夠不斷壓低工資。這就是馬克思著名的《**剝削論**》（*Exploitation*）。

另一方面，他根據據魁奈提出的「剩餘價值」概念，進一步提出「**勞動剩餘價值論**」。簡單來講，勞動剩餘價值就是資本家扣除人力成本所得到的利潤。馬克思認為資本家為了提高剩餘價值，勢必壓低工人薪資，或者投入機器研發以減少對勞動的支出，所以勞工最後會被工業機器取代，整個社會必然會因為失業和貧富差距發生無產階級的鬥爭，這就是馬克思最重視的「無產階級革命」。「剝削論」與「剩餘價值

博君一粲 馬克思因為思想激進，被歐洲各國驅逐達六次之多，他因此戲稱自己是不折不扣的世界公民。

說」是馬克思最中心的思想。

關於商品和交易，馬克思認為「商品」是資本主義社會的商業基礎，但是過度追求交易利潤，會導致社會中經濟與道德的衝突和分裂。也就是說，馬克思並不相信資本家能夠有效率且有責任感地生產，例如現代工廠不注重環保，或商人利用關說維護自己的利益。因此，馬克思主張經濟學應該研究價值的分配方式，使其發展符合法律和道德觀念。

他的論點並不是憑空揑造，而是嚴謹地利用黑格爾辯證法推論而成。不過馬克思並非完全接受黑格爾的想法，他根據過去的歷史資料，認為人類的思想和發展必定建立在物質之上，而非自我意識。這就是他另外一個著名的思想《**歷史唯物論**》（*Historical Materialism*），結合黑格爾的辯證法及唯物論而成。

這三項重要的思想，是馬克思在英國埋頭苦讀十二年的成果。他透過分析資本主義的發展過程，替工人運動找到理論根據。另一方面，馬克思也為共產思想找到理論基礎，自己更透過組織及演說方式實踐共產主義，團結工人運動。馬克思的偉大不僅

經濟學小詞典

➲ **歷史唯物論**：馬克思認為，人類的歷史演進完全仰賴物質器具而發展，因為每個人都渴望獲得生存的工具，這是不爭的事實。此外，人們會有不同的生產力，因此有不同的生產關係。生產力會決定生產關係，生產關係又會影響生產力，這套依賴物質的歷史演進論述，就是馬克思的歷史唯物論。

止於思想，還有他的實踐。

※ 撼動世界的馬克思主義

《資本論》揭露了資本主義發展的矛盾，也挑戰了當時的主流經濟學家，更重要的是動搖了歐洲的社會結構，工人階級開始醞釀反動情緒，因而被當時的資本家及政府視為洪水猛獸般拒絕。但不可否認地，資本主義若沒有生產和價值分配的矛盾，《資本論》不會從基層開始有如此大的迴響。

其實馬克思當初成立共產國際，並沒有要奪取政權的意思，只是單純要工人們團結起來對抗資本主義的荒謬。但馬克思過世後，歐洲各地有野心的政治人物打著馬克思主義的旗幟煽動民心，進一步奪取政治權力。二十世紀初，列寧領導蘇俄共產黨革命成功，革命運動迅速擴散，南美洲、亞洲甚至歐洲本土都脫離不了這場風暴，國際政治因此有了重大改變。直到二十世紀末，中國的改革開放及蘇聯的解體，才意味著共產革命時代告一段落。

曾有學者打趣道：「馬克思本人也許不是馬克思主義的信仰者吧！」可見馬克思的思想遭到扭曲甚多，也融入了不同思想來解讀。馬克思的經濟思想像是宗教的教

重點Snapshot 共產主義並非馬克思所創，但由馬克思完整補充；馬克思主義也非馬克思所創，而是後來史家歸納並解釋他的想法而來。

義，提供經濟學和政治學非常豐富的思維和解讀。如果資本主義是人類無法回頭的經濟道路，馬克思的思想就是醫生，永遠檢視著資本主義發展的錯誤。

新古典經濟學大師　馬歇爾（Alfred Marshall, 1842-1924）

馬歇爾之於新古典經濟學，就相當於亞當．斯密之於古典經濟學一樣。他統整並創建了新古典經濟學的各方論述，更開啟了個體經濟研究的大門。現代西方經濟學的理論，處處可見馬歇爾的成就。

※嚴謹有耐心的求學態度

一八四二年，馬歇爾生於英國倫敦一戶中產階級家中，父親擔任銀行行員，是個非常虔誠的基督徒。從小接受父親嚴厲的管教，馬歇爾個性富有同情心，且實事求是，但在接受完中學教育後，他毅然決然反叛父親，拒絕當一位牧師，因而進入劍橋大學攻讀哲學與數學，開始了他的學術生活。

畢業之後，馬歇爾繼續待在學校擔任研究員並授課，對於經濟學的研究便從這個時期開始投入。同學形容他是個拘謹的學者，擁有滿腹學問和知識，卻不隨意發表文章表達意見，不到完美絕不輕易表露。經濟學大師熊彼得曾說：「這些著作都是在無限謹慎和充滿耐心下磨出來的偉大成果。」馬歇爾的學生凱因斯也說：「馬歇爾很謹慎地發表著作，雖然為時已晚，卻並沒有妨礙他成為最有影響力的經濟學家。」

✲曠世巨作的問世

回到劍橋大學擔任教授的馬歇爾，於一八九〇年正式出版《政治經濟學原理》一書。他對自己有高度的期許，從書中可以發現馬歇爾把經濟學定義為研究財富及人類欲望關係的一門應用科學，並且認為其目的在於解救貧困和增進福利。這本書不像一般學術書籍令人枯燥乏味，裡頭還融入了馬歇爾在其他領域的知識研究。

馬歇爾不用艱澀難懂的數學，反而以生動的文字敘述供需問題、邊際效用問題、生產要素問題等，將十九世紀以來的經濟學精華濃縮在文章當中，並且加以解釋改善。若說它是一本課本也不為過，因為後來歐美的經濟學課程，都以此書為主體，要到二十世紀中凱因斯理論出現後，才有所改變。

大師語錄　自然不會跳躍。——馬歇爾

在這本書中，馬歇爾也提出自己的理論，像是現在經濟學會提到的「**彈性**」、「**規模報酬遞增和遞減**」、「**國民所得理論**」、「**長短期分析**」等等，都是延續馬歇爾在書中的見解而成。在經濟學研究方法的運用上，馬歇爾也有很大突破。他首創「**靜態局部均衡分析**」，簡單來說就是現在的「供需曲線」，取代了繁雜的數學證明。馬歇爾將新古典經濟學的「邊際」觀念活用，因為他對經濟學實用性的要求和理念，這本書成為了個體經濟學最重要的理論根據。

馬歇爾不僅討論經濟理論，也寫了許多關於人性欲望和競爭的觀點。他認為經濟上的競爭不全然對社會有益，而且競爭是基於一種「惡」、「自私」的本質，因此他在書中討論分配理論時，利用消費者剩餘的觀念，架構出政府對於廠商補貼或限額等的保護理論。某種程度上，他認為政府有必要出手保護部分產業。自由貿易對於國家的發展不全是有利而無害，這與古典經濟學相比歧見立現。雖然馬歇爾自認承襲了李嘉圖許多觀念，但如果要分析馬歇爾和古典經濟學家較為一致的立場，應該就是對於「賽伊法則」的認同吧。不過關於這點，他的學生凱因斯則持相反態度，並且開創了新的經濟學格局。

《政治經濟學原理》在二十年內前後再版了八次，其重要性由此可見。馬歇爾一生共出版了八十多本著作，除了豐富的著作傳世之外，他對凱因斯猶如伯樂與千里馬之間的師徒關係，也是馬歇爾對於經濟學最大的貢獻之一。

☼將一生奉獻給社會

馬歇爾是數學教授，也是個準牧師；他是追求自由人權價值的鬥士，也是英國經濟政策的制定者；他擁有豐富的歷史和哲學學問，但也能在他的著作中發現他對生物學的推崇和見解。

人類是自然的產物，馬歇爾始終相信經濟行為必定無法與各個學科領域分割，要解決經濟問題，更不可能只有從經濟學理論著手。六十歲的馬歇爾將剩下的歲月投入在福利經濟和政治經濟問題上，並且擔任英國皇家勞工委員會的成員，提供勞工問題政策，致力消滅貧富差距。他的學生們也繼續老師的諄諄教誨，像是凱因斯為政府的積極干預和保護政策立下理論基礎，另一位優秀學生庇古也開啟了現代福利經濟學的研究。馬歇爾的重要性，沒有經濟學家是不認同的。

重點Snapshot 現代經濟學提到的彈性、規模報酬遞增和遞減、國民所得理論、長短期分析等，均是延續馬歇爾的見解而成。

美國經濟學隊長

約翰・克拉克（John Bates Clark, 1847-1938）

在經濟學界，除了有諾貝爾經濟學獎的殊榮外，美國經濟學會每年頒發一次（二〇一〇年以前是兩年一次）的克拉克經濟學獎（Clark Medal）亦有「小諾貝爾獎」之稱。至今，三十四位克拉克獎得主當中，有十二位後來也拿下了諾貝爾獎。而克拉克經濟學獎這一獎項，就是在紀念美國最重要的邊際效用大師，約翰克拉克。

☼德國歷史學派的異類

一八四七年，克拉克誕生於美國麻州的羅德島，在美國接受完整的大學教育。直到二十五歲那年，克拉克決定前往德國學習經濟學，正式開啟他的經濟學術生涯。

德國歷史學派在邊際革命之前就先出現了，嚴格說來，它和那些新古典經濟學派之間算是學術上的死對頭。新古典經濟學強調邊際理論，仍然崇尚自由放任經濟；德國歷史學派則相當保守，不談數學問題，關心的是經濟演變以及倫理學的探討，並強調政府干預。克拉克在求學過程中深受當時歷史學派影響，所以年輕的他嚮往著社會主義的精神。不過到了晚年，他卻成為資本主義的擁護者。

一八七〇年後，邊際三傑奠定新古典經濟學的理論，這股數學風也吹進了德國。身在德國的克拉克也感染到了這股潮流，儘管他的老師是歷史學派的重要成員，克拉克還是選擇邊際理論作為研究，所幸他的指導老師相當鼓勵他的研究方向，不致埋沒了人才。

一八七七年克拉克學成歸國，任職於明尼蘇達州的卡爾頓學院（Carleton College），開始發表他在德國留學時期研究的論文。一八八五年，他和幾位同好在紐約創立了美國經濟學會，此會是美國經濟學研究後來能夠凌駕世界的重要推手。

❁ 獨立的邊際效用理論

克拉克提出邊際效用的看法稍晚於華拉斯等三位邊際大師，不過克拉克對於邊際效用理論有不同的見解，所以不少學者認為他的論述獨立於歐洲邊際思維，成就不亞於邊際三傑，特別是美國的邊際研究學術思想，大多出自克拉克的理論和推廣，這是克拉克獲得尊敬的最大原因。

因為深受歷史學派的影響，克拉克將自己的邊際效用理論聚焦在**社會分配**的問

大師語錄 經驗足以說明一切。——約翰·克拉克

題上。一八九九年，他出版《財富的分配》（*The Distribution of Wealth*）一書，完整敘述他的獨特見解。克拉克認為在自然的分配下，從事任何生產工作應得到的收入量，都將以它實際所生產的成果來衡量，這就是合理的財富分配。舉例來說，月薪三萬元的員工，其貢獻必定等於公司獲得三萬元的邊際價值產出。他的想法是一個「靜態」自然變動下的分配觀念，重點在於市場經濟能夠自由競爭時，財富就能夠適得其所。

依此觀點，克拉克延伸出一個很重要的經濟學概念，就是**「邊際生產力學說」**。簡單來講，就是在市場經濟下，工資等於邊際生產力，現代資本家在人力資源方面最常使用的觀念就從這裡開始。另外，關於「資本、勞力、地租」等生產要素分配的問題，克拉克也從這個學說提出了相當具影響力的研究。不過很多學者認為這說法難以符合現實，因為經濟行為其實很難全面用薪資來衡量，像醫生月薪大約十五萬元，但救人無數，難道這些人命只值十五萬嗎？

此外，在《財富的分配》這本書中，克拉克對於「動態經濟學」亦有所著墨。

經濟學小詞典

➲ **邊際生產力**：克拉克提出的邊際生產力學說，認為如果生產要素（勞力、資本等）處在一個完全競爭的市場，此時生產要素的價格等於該要素貢獻給廠商的邊際生產收益量。克拉克以這理論探討勞動力市場，因此提出勞動邊際生產力＝工資，開啟經濟學對薪資的新話題。

所謂的動態經濟學，指的是將時間的變化納入考量，因此原本的假設條件不再固定不變，在不同時間點會有不同變數。例如在股票市場中，我們常聽到「五窮六絕」、「開學潮」等，這就是一種動態分析，表示股票在那個時間點會有特定的變數發生。

克拉克提出的**「廠商利潤說」**就是建立在動態的觀點之上。這種分析方法在二十世紀之前相當罕見，因為具有一定困難性，多半只有純理論的探討。不過克拉克認為靜態是假想，動態才是真實，兩者研究相輔相成，因此動態分析一定要做。隨著電腦的發展，統計程式應用有了相當大的進步，動態分析也跟著邁進一大步。克拉克對於美國動態經濟分析的研究貢獻，獲得了學者們的肯定。

☼美國經濟學會與克拉克獎

克拉克後來任職於紐約哥倫比亞大學，並擔任美國經濟學會第三屆（一八九六—一八九七）的會長，致力於推展美國經濟學術發展。

經濟學會原先比較像是這幾位創會學者的讀書會，在克拉克當選之後，開始得到商業團體的支持，以及政府部門的重視。學會在一九一一年開始發表《美國經濟評論》（*American Economic Review*）季刊，後來成為二十世紀全球最重要的經濟學術書

重點Snapshot 克拉克除了提出邊際生產力理論，更重要的是發展動態經濟學。

籍。一九二三年，學會在華盛頓特區正式申請成立基金會，總算得到強而有力的資源，作為推廣經濟學的後盾。

為紀念克拉克對於學會的貢獻，以及尊敬他對美國經濟學研究的努力和成就，一九四七年經濟學會設立了「克拉克獎」，以紀念這位大師。或許有人認為克拉克的學術成就比不上同期歐洲的幾位大人物，像是馬歇爾、巴瑞圖等人，甚至也未撼動當時居於經濟學主流的歐洲，但美國後來能成為經濟強國，且從歐洲奪取經濟學術老大的地位，克拉克功不可沒。他就像是電影裡的美國隊長，不是最強，卻是關鍵人物。稱呼他是美國經濟學隊長，一點也不為過。

資源分配最適化 巴瑞圖（Vilfredo Pareto, 1848-1923）

巴瑞圖是最先利用數學解釋資源分配問題的經濟學家，於是後來的學者將資源最適分配統稱為**「巴瑞圖最適」**（Pareto Optimum）。這一項資源分配效率理論開啟了福利經濟學的研究，深深影響歐美民主國家的政治和社會。

☼充滿理想的鐵路工程師

巴瑞圖的父親是位義大利激進派分子，倡導民主共和，因此被當時政府逐出義大利。一八四八年巴瑞圖誕生於巴黎，但還不到兩歲，全家搬回至義大利發展。

從小因為父親的影響，巴瑞圖相當關心國家發展，自己也是個自由主義的狂熱支持者，不過對於數學研究充滿興趣的他，還是選擇理工方面的研究作為基礎。一八七〇年，巴拉圖獲得義大利杜林理工學院（Polytechnic University of Turin）的工程博士頭銜，進入義大利的鐵路公司擔任工程師。聰明的他不到三十五歲就擔任了總經理一職。

然而，他的政治熱誠沒有因為工作一帆風順而熄火。一八八二年，巴瑞圖毅然決定參選國會議員，不幸失敗。堅持理想的他改以執教來實現自由主義，於是在一八八四年離職，前往佛羅倫斯大學擔任經濟學講師。對義大利政府相當失望的他，發表了一連串批評政府的文章，也抽空四處旅行參訪，特別是到了英國加入劍橋學派成立的亞當．斯密讀書會之後，改變了巴瑞圖的政治思維。一八九二年，在華拉斯的推薦之下，巴瑞圖再度離開家鄉，進入洛桑學院（University of Lausanne）擔任經濟學教授

大師語錄　儘管給我有著一堆修正的錯誤。——巴瑞圖

一職，正式成為洛桑學派成員，開啟他人生新的事業。

☼資源最適分配理論

擔任經濟學教職的巴瑞圖，研究重心其實偏向社會和政治學，主要的四本著作多半也都與此相關。其中《普通社會學》（*Treatise on General Sociology*）這本書，更是歐洲社會經濟教育的基本教材。而另外一本著作《政治經濟學講義》（*Manual of Political Economy*），則透露出他對於國家社會的理想。社會資源的分配問題，是他最關心的議題。

巴瑞圖的資源分配理論其實和華拉斯的學說有很大關係。在華拉斯所提出的一般均衡分析理論中，算出供需均衡的數學聯立方式，而巴瑞圖從這理論中，結合艾吉沃斯箱型圖（Edgeworth box），解釋了在什麼樣的條件下，雙方會達到交易均衡而不再變動。這個均衡點就叫作「巴瑞圖最適」。

簡單來講，市場中任何一方的變動必定造成其中一人效用損失，也就是「損人，但未必利己」時，均衡點就處在「巴瑞圖最適」。市場中任何一方的變動都不會造

圖解：艾吉沃斯箱型圖

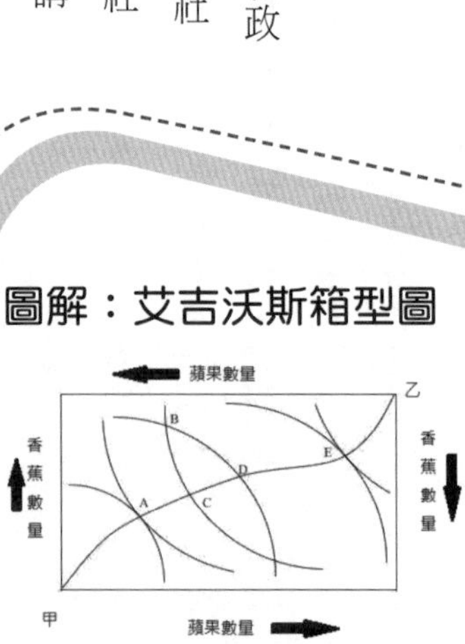

經濟學家艾吉沃斯利用矩形對角斜切兩邊，分別代表甲、乙兩人的兩種生產要素。圖形中各點表示這兩種要素在兩人之間的配置量。

成任何人效用損失，也就是「利己不損人」時，就稱為存在**「巴瑞圖改善」**（Pareto improvements）。

巴瑞圖的資源分配理論並不是要告訴我們如何交易，而是陳述一個經濟行為最適化的概念。例如台灣生產腳踏車相當有名，可是腳踏車廠商在製造時絕對不是追求產量的極大化，必定要考慮需求及生產成本。如果將巴瑞圖的概念應用在社會福利政策上，可探討稅率和福利支出等相關問題。

舉例來說，如果政府加稅，多抽每位億萬富豪一萬元稅金，對大多數富翁來說應該是個不痛不癢的數字，卻可以使得全國孤兒院的小朋友多得到一千元的補助，這就是一個「巴瑞圖改善」，而政府應該這麼做。還有像是國際貿易，也時常會遇到這樣的問題，例如加入WTO後，台灣大多數出口產業受惠，農業卻受到衝擊。按照巴瑞圖的想法，受惠產業得到的利益如果能夠填補農業的損失，整體社會的利益便會增加，加入WTO就是有利的。

巴瑞圖的理論很實用，但探討到現實社會的整體福利問題時，最後都難逃倫理學的魔掌。就像剛才提到加稅的例子，也許有富豪會質疑：「為什麼要加我的稅幫助這些孤兒？這明顯是在剝奪我的自由意志。」關於國際貿易的問題，真的用金錢衡量就

重點Snapshot 巴瑞圖最適、巴瑞圖改善、巴瑞圖效率三者的關係和討論，是巴瑞圖經濟理論的核心。

完美了嗎？當然，這些問題有待政治方式來決定。

☼追求公平正義的一生

巴瑞圖終其一生都在探討分配公平的問題，他還提過一個大家耳熟能詳的**二〇／八〇理論**。巴瑞圖認為在一個大系統中，八〇%的　果是由該系　中約二〇%的變量所造成。將此概念運用在社會學上，就是所謂的八〇%的財富存在於二〇%的人手中。後來也有學者運用在商業上，成為大企業八〇%的利潤來自於二〇%重要客戶。這理論被稱為「**巴瑞圖法則**」，是一種概念性的分配想法。

晚年的巴瑞圖除了用學說表達對於社會公平正義的理念，他也緊密地與社會主義分子來往，轉而崇尚「大政府」的思維，但期待自由民主的政治社會。在過世之前，巴瑞圖當上國會議員，不過當時義大利採取極端的「法西斯主義」，讓他深感不滿，要求改革。不幸地，當選後沒多久，他就病逝家中，無法親自參與自由民主的改革。

巴瑞圖的理論開啟了政府和市場制度運作的設計基礎，二十世紀之後許多應用經濟學科，例如法律經濟、環境經濟等，深受其影響之大，由此可見。

制度經濟學開創者

索斯坦・凡勃倫（Thorstein Veblen, 1857-1929）

二十世紀中葉開始，在美國有一股新興的經濟學力量，稱作「制度經濟學派」（institutional economics），後面章節會有詳細介紹。凡勃倫就是這個學派的開山祖師，他的學說富有哲理，不僅為政府管理提供許多理論基礎，更重要的是它直接影響現代商業、工人、政府之間的行為，也帶出了應用經濟學科的發展。

曲折多舛的求學生涯

凡勃倫的父母親從挪威移民至美國威斯康辛州開墾，一八五七年他出生於此。七歲時舉家遷至明尼蘇達州。愛念書的凡勃倫在十七歲那年順利進入卡爾頓學院，開啟他的學術生涯。提到卡爾頓學院，你是否想到上一篇所講的美國經濟學大師克拉克？是的，凡勃倫很幸運地在這裡遇到他一生中最重要的伯樂。

凡勃倫是個相當自我的學生，才思敏捷卻也桀傲不遜，講話相當尖酸諷刺。而他的不拘小節的穿衣法，常讓人誤以為他是流浪漢。不過克拉克相當喜歡這位學生，他

大師語錄　炫耀性消費是有閒階級沽名釣譽的手段。——凡勃倫

很有耐心地教導凡勃倫經濟學和哲學。後來凡勃倫提出許多的學術論文，當中可以發現大多承襲了德國歷史學派的觀念，足見克拉克對他的影響。

畢業之後，凡勃倫前往約翰霍普金斯大學攻讀政治經濟與哲學博士。他對那裡的學術環境並不滿意，沒多久便轉往耶魯大學，花了四年時間拿下博士。儘管耶魯大學的博士頭銜令人稱羨，凡勃倫卻在這時因為宗教因素而失去教職機會。固執的他沒有繼續尋覓工作，反而選擇回到家鄉耕作，過著閒雲野鶴的生活。這樣一待就是七年。

一八八八年，三十歲的凡勃倫重新振作。他以學生研究員的身分進入康乃爾大學，獲得當時的指導教授青睞，並得到微薄的研究薪水。然而他的個性問題、對學生沒耐心，還大搞婚外情，令校方相當頭痛。一八九三年，他跟著指導教授轉往芝加哥大學，這才終於取得教職，開始他不凡的學術研究。

❁ 開創批判資本主義的新視野

凡勃倫在求學過程中很有自己的想法，因此充滿曲折。深受德國歷史學派影響的他，批判當時荒謬的資本主義也很有自己獨特的見解。而他的學術成就，也從批判開始起步。

一八九九年，凡勃倫出版《有閒階級論》（*Theory of the Leisure Class*）一書，用極端諷刺的口吻指責富豪虛榮的生活習慣。所謂的有閒階級，指的是不從事生產卻掌握資源分配權力，保守而處處滿足自己虛榮心的人。凡勃倫主要探討人性與消費行為之間的問題，並企圖解釋社會進步過程中沒有發生階級革命的原因。在這本書中，他提出兩個很重要的觀點，以下分段敘述。

第一個是「**凡勃倫效應**」。某些商品價格定得愈高，反而愈能暢銷，消費者對這類商品的需求會因為售價高而增加。這個觀點反映出人在某種經濟程度上都有炫耀、好面子的消費習性。凡勃倫進一步討論所謂的「炫耀財」和社會地位的關係，藉此強力批判資本主義扭曲人性的價值觀。有閒階級無法尊重勞動生產者，並且因為保守利己，會妨礙社會整體的進步和福利。

第二個重點是「**制度經濟**」的概念。凡勃倫認為制度是指影響思想習慣的一切因素，例如價格、市場、競爭、政治、法律等。要分析經濟問題，不能不從制度的角度來看，更要考慮人性的變化。因此他反對新古典和古典經濟學的靜態分析方式，和老師克拉克一樣，認為動態的分析才有實質幫助。

凡勃倫的經濟哲學思維主要來自達爾文的「進化論」。砲火四射的他更直接點

重點Snapshot 凡勃倫的《有閒階級論》有力地點出資本階級的荒謬生活。

名馬克思及亞當．斯密，認為兩人的想法都太極端，不可能發生。社會發展如同適者生存，利益衝突必然存在於每個時期，因此政府要隨時主動調整社會制度，強調分配的公平及合理，經濟才能夠穩定運轉。

在《營利企業論》（*Theory of Business Enterprise*）、《工程師與價格體系》（*The Engineers and the Price System*）等書中，凡勃倫討論經濟體系裡企業和勞動的互動關係。他認為經濟活動主要依照企業經營與機械操作這兩項制度，並且從中推論由於主體價值觀不同，企業主不會被工人打垮，但會被高級技術人員打敗。現在高科技產業深怕技術人員被挖角，進而威脅到自身的發展，由此可見凡勃倫的遠見。

凡勃倫對於資本主義的批判，還有許多有趣的觀點。有人問他是不是支持社會主義，凡勃倫從不這樣認為，因為他也寫了許多批評社會主義的文章，或許說他是改良式的資本主義支持者。

經濟學小詞典

➲ **炫耀財**：指可以滿足虛榮心的商品，像鑽錶、高級皮包等。在經濟學裡，炫耀財的需求曲線，價格與數量呈正向變動的關係，價格愈高，需求愈大，跟一般需求曲線不一樣，不過炫耀財在分類上仍屬於正常財貨的一種。

☼制度經濟學的誕生

晚年的凡勃倫已聲名大噪。一九二三年，啟蒙導師克拉克邀請他擔任美國經濟學會的會長，不過凡勃倫拒絕這項職務，令許多經濟學家感到不可思議。五年後，凡勃倫病逝於加州。

一九五〇年後，另外一名制度經濟學家高伯瑞（John Kenneth Galbraith）出現，把凡勃倫的觀點重新整理，制度經濟學派於焉完整。後來有學者以一九五〇年為準，將制度學派劃分為新舊兩派。九〇年代後，制度經濟學派大放異彩，短短十多年獲得了三座諾貝爾獎。凡勃倫探討經濟學的角度和火力十足，無疑地最後仍然獲得肯定。

創新理論之父　約瑟夫・熊彼得（Joseph Schumpeter, 1883-1950）

熊彼得的理論，在二十世紀上半年顯得獨樹一格。他雖然畢業自維也納大學，卻沒有顯著的學派背景。他不擅用微積分和邊際理論，卻能專注在分析資本流動與景氣

重點Snapshot 凡勃倫認為制度影響一切，所謂的制度包括價格、市場、競爭、政治、法律等。

週期等動態分析。他的學說為制度經濟學、企業管理學、發展經濟學等帶來了深遠影響。

擁有深厚的歷史和哲學底子，更是熊彼得最令人稱佩的地方。顯少有人可以像他這樣，在經濟研究及經濟思想史上都有相當成就。

☼高潮迭起的大半輩子

一八八三年，熊彼得出生於奧匈帝國的一座小城市。小學時，母親改嫁給當時的陸軍中將，熊彼得終於免於貧窮，並且靠著自己的努力，獲得維也納大學的錄取。

熊彼得在大學時攻讀法律和經濟，後來直攻經濟學博士。他的指導教授是當時奧地利學派的掌門人——朋巴維克（Eugen Böhm-Bawerk）。一九〇六年博士畢業後，熊彼得轉往英國倫敦求學，師從馬歇爾，並且完成了很重要的一本著作《經濟發展理論》（*The Theory of Economic Development*）。一次大戰前後，他開始了教書生涯。

原本可以平平穩穩從事學術，但不安於室的他，三十六歲那年在朋友引薦下，擔任奧匈帝國財政部長的工作。正所謂仕途難行，才兩年時間，因為反對與德國結盟，以及反對工業國有化政策，熊彼得被趕了下台。

一九二一年，他轉往一家私人銀行擔任董事長，正準備大展雄才，沒想到受到鄰國德國銀行惡性倒閉浪潮的波及，不到三年光陰，熊彼得的銀行也被吞沒於大浪之中。他後來花了很長時間，利用寫書、演講來償還債務。失業之後，熊彼得所幸獲得德國波昂大學的青睞，終於讓他安於學術工作，不再漂流。一九三二年，熊彼得獲聘美國哈佛大學經濟系，就此聲名大噪。

✲創新與企業家精神

熊彼得最廣為人知的，就是他提出的「**創新理論**」。現在聽來似乎理所當然，不過一百年前他就提出這樣的概念，其實相當令人佩服。

一九一二年出版的《經濟學發展理論》，熊彼得寫出一個經濟循環的核心關鍵因素，那就是「創新」。他的創新意義並不等於發明，也並不單指發展新商品，而是一種生產要素重新組合的突破。他在書中提到五種創新情況：

1引入新的質料，做成消費者尚不熟悉的產品

2使用新的方法生產，可以看成是生產效率的改善

大師語錄 創新乃是經濟成長的引擎！——熊彼得

3 開闢一個新市場，某些特定的產品還不曾進入這一市場

4 採用新的半成品或直接控制半成品的來源

5 新產業組織的建立，無論是取得獨占或打破獨占

創新之所以可以帶來景氣的循環，乃是因為有創新就一定有破壞，這一定也會造成既得利益者的痛苦，然後就會有新的創新來挑戰，這就是熊彼得所謂的「**創造性破壞**」過程。這非常不同於競爭的概念，一般台灣公司採用壓低成本（cost down）的方法與國內外廠商展開割喉戰，就不是熊彼得所認同的創新，更不用說這種競爭方式會帶來好的經濟發展。

熊彼得稱呼創新的人為「企業家」，是資本主義進步的關鍵人物。他進一步闡述企業家和企業管理者的不同，前者勇於承擔組合新生產要素的風險，後者多半只是維持利潤和管理，因此熊彼得很強調「**企業家精神**」。資本主義最珍貴的就是擁有充足誘因鼓勵創新，但他也提醒政府，應該適時扮演對的角色。

一九三九年熊彼得出版《景氣循環論》（*Business Cycles*）一書，完成了「創新理論」的所有概念，並提出景氣週期四階段模式。這本書對於動態經濟學的研究帶來相

當大的突破，熊彼得深深影響美國計量經濟學的發展，比傅利曼更早一步提倡實證經濟學。

☼難忘政治熱情

熊彼得在年輕時經歷過人生的大起大落，從部長變成落跑董事長。晚年的他不忘出書以明志，一九四二年出版《資本主義、社會主義與民主》（*Capitalism, Socialism and Democracy*），堪稱是二十世紀最重要的一本政治經濟學思想著作，也有人將此書與馬克思《資本論》相比擬。

熊彼得在書中說明資本主義會走向社會主義過渡的原因和形式，並預言資本主義最終將走向滅亡。不過，他在書中提到的資本主義和社會主義，本質上和馬克思所提的概念不完全相同。簡單來說，熊彼得其實是在為資本主義辯護，他所說的社會主義，可以看成是一種政府干預的行為。

值得一提的是，世界各國貧富差距都在快速擴大，金融危機問題也愈演愈烈，許多國家的人民呼籲政府要插手干預，激烈一點的地方甚至產生大大小小的衝突事件。在全球經貿緊密結合之下，政府又能多放任呢？熊彼得對於政治經濟演變的思維，確

重點Snapshot 熊彼得認為創新的過程一定會破壞過去的競爭關係，企業要能承擔這種風險，這就是所謂的企業家精神。

實是有眼光的。

一九五〇年一月，熊彼得病逝家中。後來陸續有許多他的經濟書籍，例如《十位偉大的經濟學家》（*Ten Great Economists*）、《經濟分析史》（*History of Economic Analysis*）等，交由他的妻子代為整理出版，為經濟學做出最後的貢獻，深深影響後來的制度學派。

熊彼得曾立下三個人生目標：成為最偉大的經濟學家、最浪漫的大情人，和最優秀的騎士。不知道他是否抱憾而走，至少他對經濟學界的貢獻，絕對無庸置疑。

新自由主義大師 海耶克（Friedrich Hayek, 1899-1992）

「既生瑜，何生亮」這句經典名言，活生生地上演在二十世紀中葉。由海耶克主導的「新自由主義」對抗由凱因斯領銜的「政府積極干預」，戰火一路延燒，至今尚未停歇，網路上甚至有人將此翻拍成短片，介紹這一段故事。

能夠與凱因斯並駕齊驅，海耶克是許多經濟學家公認二十世紀最偉大的經濟學家之一。現代新興古典經濟學派各家，無人不受他影響，但他的影響力不僅在於經濟學理論。海耶克在政治哲學、社會哲學、心理學等，都有改變現代社會的偉大著作。

☼良師兼益友——米塞斯（Ludwig von Mises）

海耶克生於奧地利首都維也納，父親和祖父都是學術界的知識分子。從小就很聰明的海耶克，二十四歲順利取得維也納大學法律和政治學博士。畢業後，他前往美國紐約大學擔任博士後研究，後來因為一次世界大戰，海耶克返回奧地利為國服務。隨後不久，一九三一年奧地利政治局勢危急，才三十一歲的他隨即轉往英國倫敦政經學院，擔任經濟學與統計學教授，學術旅程得到了安定。

博士畢業後的海耶克，一直有一位貴人大力相挺，他就是奧地利經濟學派當時聲望最高的經濟學教授米塞斯。米塞斯不僅安排海耶克畢業後的學術工作，他的學術著作更是海耶克經濟學的啟蒙基礎。

大學時期的海耶克是個不折不扣的社會主義支持者，後來轉變成對自由主義深信不疑。海耶克曾提到，他所有的貨幣理論、商業景氣循環理論，以及經濟自由價值觀，全都要感謝這位導師兼益友的指教。

大師語錄　哪裡沒有財產權，哪裡就沒有正義！——海耶克

☼海耶克大戰凱因斯

儘管米塞斯相當支持海耶克，但海耶克在倫敦的這段期間並不順遂。當時歐美正面臨經濟大蕭條，凱因斯的學說崛起於英美兩國。海耶克從一開始就不買凱因斯理論的帳，經常寫文章批評他，而凱因斯也同樣予以反擊，兩人的筆戰就此展開。後來羅斯福的新政在美國成功，等於宣告海耶克挑戰失敗，他的學術聲望因此受到嚴重打擊。所幸海耶克個性相當堅持，仍然專心於研究。一九五〇年後，海耶克出版許多學術著作，重新吸引了經濟學界的目光。

海耶克關於貨幣、利率、景氣循環等著作，被視為對經濟學最重要的貢獻。他獲得諾貝爾經濟學獎的原因，就是關於貨幣和經濟波動的研究。他承襲奧地利學派的研究方式，開創出不同於舊奧地利學派的觀點。在他的著作《價格與生產》（*Prices and Production*）以及《資本純理論》（*Pure Theory of Capital*）當中，明確指出一個很重要的中心思想：「中央政府人為的貨幣擴張政策，必定導致生產結構扭

名家軼事

米塞斯被譽為奧地利學派的開山祖師之一，他對自由主義的熱愛，可以從其許多著作中看出端倪。在學術上，他精通貨幣理論及通貨膨脹等總體經濟問題，此外，在批評社會主義上，他也不遺餘力。

曲、資源配置錯誤，並且埋下景氣衰退的種子。」

另一方面，海耶克相信古典經濟學家對於貨幣中立性的看法，就是讓市場去決定貨幣的利率。他認為貨幣利率如果可以正常，則市場的價格和生產就可以均衡。因此，他提出了**「海耶克三角理論」**的圖說，加入時間的變數，清楚地利用供給面解釋貨幣、利率、景氣循環的問題，這也是他獲得諾貝爾獎的基礎。

對於凱因斯主張的政府干預政策，海耶克儘管居於下風，卻仍然毫無一點認同。他甚至進一步批評凱因斯，認為政府擴張性支出讓企業家誤以為借貸成本降低，從而導致資金濫用和不當投資，並造成通貨膨脹。政府政策施行後，市場必定要用失業和消費需求下降來還債，就長期而言，凱因斯的政策讓社會死定了。

一九四四年，海耶克出版一本相當有名的書《到奴役之路》（*The Road to Serfdom*）。他結合十多年的經濟研究成果，和對於社會主義的觀察，狠狠批判人們對於政府統治的幻想，以及國家社會主義的問題。這本書沒有直接點名凱因斯，但等於是拐個彎批評政府干預的思維，在當時引起相當多左派人士的不滿，甚至英國國會選舉也引此作為辯論焦點。海耶克自嘲這本書讓他的聲望跌到了谷底。

不過這本書後來一共被翻譯成十幾種語言，從內容中，可以一窺海耶克的自由主

重點Snapshot 海耶克主張自由市場經濟，凱因斯則傾向計劃經濟。

義思想，也可以看出中年的他並不以學術為滿足。海耶克後來轉而涉入更多社會和政治問題，讓他的經濟理論得以進一步實現。

☼ 新自由主義的誕生

一九五〇年，海耶克前往芝加哥大學擔任社會思想學院的教授，前後在芝加哥待了十個年頭。他在那裡認識了相當多知名學者，以及重量級的政治人物，更開啟了芝加哥學派的新自由主義思維。

海耶克強調的新自由主義，在經濟上仍然向亞當．斯密看齊；但在個人自由上，他認為**法治勝過個人自由**，所以政府的工作就是做好國防、治安等無法由民間完成的工作，其他經濟活動要完全放任。一九六〇年，海耶克出版《自由的憲章》（*The Constitution of Liberty*）一書，完整了新自由主義的思維。

一九七〇年代，世界陷入石油危機的恐慌，這次變成凱因斯經濟學受到嚴重挑戰。一九七四年海耶克獲得諾貝爾獎，沒多久英國首相柴契爾夫人及美國總統雷根接

經濟學小詞典

➲ **海耶克三角理論**：海耶克把生產結構分為從最終消費品到各種中間產品（producers' goods）生產的一個時序生產階段直角三角形。三角形的垂直短邊代表生產結構的時間維度；三角形的水平直邊代表生產階，而每個階段的垂直高度代表生產過程的貨幣價值；三角形的斜邊則代表整個生產過程產生出最終消費品的貨幣價值。

納了他的學說觀點。事實證明，新自由主義的經濟方式帶來了八〇年代的繁榮，海耶克也終於擊敗了凱因斯理論，獲得全世界的肯定。

終其一生，海耶克都為了自己的信仰在奮鬥。九〇年代蘇聯和東歐社會主義國家相繼解體，再度印證了海耶克對於社會主義計劃經濟衰敗的預測。一九九二年，海耶克病逝於德國，但他的思想已深植於全世界。

經濟學界的小巨人 米爾頓．傅利曼（Milton friedman, 1912-2006）

幾年前才過世的傅利曼，除了廣為熟悉的貨幣理論之外，他對於消費分析、貨幣史、穩定性政策、計量經濟、實證經濟等，都有相當大的研究和貢獻。傅利曼就像是經濟學界的小巨人一樣，成就無人可及。

好勝好辯的個性

傅利曼出生在紐約布魯克林區的工人家庭，父親在他高中時過世。即便家裡經

重點Snapshot 海耶克《到奴役之路》一書，被認為是二次大戰後許多國家免於投入社會主義陣營的一項重要因素。

濟陷入困頓，他仍堅持以半工半讀方式完成在羅傑斯大學（Rutgers University）的學業。畢業後，他在芝加哥大學先完成碩士，後來在當時有名的經濟學家舒爾茲（Henry Schultz）引薦之下，前往哥倫比亞大學攻讀博士學位。

不過好勝的他，並沒有專心取得博士學位。一九三五年至一九四〇年間，傅利曼把精力都放在美國國家經濟研究局的工作上。一九四一年他轉往財政部擔任經濟顧問。後來二戰爆發，傅利曼回到哥倫比亞大學的戰爭研究單位工作，一直到一九四六年戰爭結束，他才終於正式獲得博士頭銜。

一直以來，傅利曼都是以好辯聞名，他曾自嘲道：「全世界唯一敢跟我爭辯的，大概只有我太太。」《紐約時報》（*The New York Times*）更以「好辯且風采迷人的經濟學家」來形容他。不過這好辯個性，引來評價兩極的觀感。厲害的是，這無損於傅利曼的成就，可見他不僅好辯，還辯才無礙。

一九四六年傅利曼拿到博士學位後，接受芝加哥大學的邀請擔任教職。他與當時另外一名芝大優秀的經濟學家史蒂格勒（George Stigler），正悄悄展開芝加哥學派的聲望。

❊ 非凡的學術成就

貨幣理論早在十七世紀就已被提出，但始終沒有受到肯定。凱因斯有他的想法，直到到了傅利曼手中，才有更被信服的論述，並且改稱為貨幣主義。

傅利曼的貨幣主義，可以分成三個很重要的內容。一九五六年，傅利曼發表**「貨幣數量學說」**（quantity theory of money），討論貨幣如何影響短期物價，以及貨幣如何和景氣相關變動。傅利曼貨認為，貨幣供給量短期內對物價有很大影響，若貨幣供給速度超越經濟發展速度，就會產生通貨膨脹。傅利曼否定了古典經濟學相信貨幣具有中立性的學說，貨幣主義開始有了雛形。

隔年，傅利曼發表**「消費功能理論」**（consumption function），提出**「恆常所得假設」**，這是相當重要的貨幣主義支撐點，使傅利曼獲得一九七四年的諾貝爾獎。過去凱因斯認為當期消費取決於當期所得，但傅利曼反駁此觀點，認為當期消費必定包括當期所得及預期所得。此學說帶出了**「理性預期」**的觀點，進而批評政府過去的貨幣政策顯然缺乏效率。

一九五九年，傅利曼發表**「貨幣穩定方案」**（program for monetary stability），

延續前一理論的砲火，認為政府應採取有效的貨幣政策，立法規範貨幣供給量，且要求貨幣供給一定要配合經濟發展的速度。

六〇年代，傅利曼的貨幣主義論述大致完成，但他仍然繼續提出新觀念。一九六八年，他發表**「自然失業率」**的概念，指出當經濟發展處於供給和需求均衡時，必定還會有一部分的人沒有工作。「自然失業率」的觀點主要是用來補充「菲利浦曲線」的問題，解釋為什麼「停滯性通膨」會發生。

☼ 追求自由，永不妥協

嚮往古典自由主義思想的傅利曼，學術生涯一直不忘批評凱因斯主義。在其眾多著作當中，兩本膾炙人口的書籍《美國貨幣史》（*Monetary History of the United States*）及《選擇的自由》（*Free to Choose*），可以見到他豐富的經濟思維，反對政府干預不遺餘力。傅利曼甚至將《選擇的自由》搬上電視節目，直接當主持人闡述自由

經濟學小詞典

➲ **停滯性通膨**：通膨的現象分有許多種，包括原物料上漲所導致的「輸入型通膨」、「需求推動型通膨」等。其中，若國家整體產出下降與物價上揚並存，或物價與失業率同時上升的現象，就叫作停滯性通膨。

經濟的理念，活像個老頑童。

傅利曼一生得獎無數，並且參與過數不清的國家經濟決策會議。一九七七年退休後，更開始奔波於各新興國家，利用他的學術知識和演說口才，繼續推廣他的自由經濟思維。不過傅利曼自認為這些經濟問題只是他的業餘愛好，他主要的使命在於推動科學的經濟學。但無論是哪一方面，他都做得非常成功。

二〇〇六年，一代巨星殞落，傅利曼心臟病發逝於家中，享年九十四歲。

新政治經濟學大師

詹姆斯．布坎南（James McGill Buchanan, 1919-2013）

關於政府的角色，經濟學有兩個主流觀點，一是以凱因斯為主的支持政府干預，另一則是海耶克的新自由主義。布坎南跳脫了這兩派的思維，分析出政府的行為模式如何影響經濟發展，利用經濟學分析方式探討公共行政的效率決策方式，奠定新政治經濟學的理論基礎。

重點Snapshot 減少政府干預與鼓吹個人自由，是傅利曼的兩大主張。

☼力爭上游的清寒子弟

布坎南出身於美國田納西州一個貧窮鄉村，父親是個政治狂熱的農夫，但也因此影響了布坎南對於政治事務的關心。

從小到大，布坎南的課業成績一直很好，而且始終保持半工半讀的生活。後來申請到許多很好的大學，但因為擔心影響家庭開銷，他選擇繼續留在較近的中田納西學院就讀。大學期間，布坎南幾乎每天一大早就起床，到附近農家擠牛奶賺取學費，所以他自嘲時間永遠比別人多四個小時。

二十二歲那年，布坎南轉往田納西大學念書，順利取得經濟學碩士學位。本來要進一步往博士學位發展，但遇到了二次世界大戰，布坎南被迫服役於美國海軍。一九四四年退伍後，他進入芝加哥大學冬季班就讀，隔年申請上經濟學博士班。在芝加哥大學的四年期間，指導老師奈特（Frank Knight）給予他相當深遠的影響。

☼公共選擇理論

布坎南的學術研究，緊密地將政治和經濟行為結合起來，現代財政學有很大一部分就是出自於布坎南的思維。一九七二年布坎南出版《公共選擇理論》（*Public Choice Theory*），這本書將他的財政、經濟、政治觀念完整表達。布坎南認為：「人類社會由兩個市場組成，一個是**經濟市場**，另一個是**政治市場**。在經濟市場上活動的主體是消費者（需求者）和廠商（供給者），在政治市場上活動的主體是選民、利益集團（需求者）和政治家、官員（供給者）。在經濟市場上，人們通過貨幣選票選擇能為其帶來最大滿足的私人物品；在政治市場上，人們通過政治選票選擇能為其帶來最大利益的政治家、政策法案和法律制度。」簡單來說，經濟上的「利己主義者」，不可能在政治上成為「利他主義者」。

相同地，布坎南認為正因為政府由人民選出，為了下一次掌權，不可能不回饋給支持的選民，這樣的行政過程就會產生「政府失靈」的問題，像是財政赤字日益擴大、資源分配效率不彰等。政府最終會失去彌補自由經濟缺陷的功能。

布坎南進一步利用經濟學的分析方式，把失靈的原因歸納成五點：（一）缺乏競爭機制；（二）缺乏降低成本的激勵機制；（三）政府機構自我膨脹；（四）監督信息不完備；（五）遊說行為。在《公共選擇理論》這本書中，布坎南提供了許多改善問題的方式，包括約束政府權力、改變投票制度等。他不相信會出現一個有德有能的

大師語錄 官僚和所有人一樣有利己之心，通常是為了保住飯碗或增加權力，所以他們還真的不一定會做出對公眾福祉有幫助的事。——布坎南

政治人物，制度和法律才是一切的重點。另外，他也分析了不同投票方式如何產生不同的政策效率，政府應視政策內容給予不同的決議方式，儼然成為現代政治學必讀的經典學說。

如此深刻嚴厲的論述，戳破許多人對於政治的幻想和期待。《公共選擇理論》也招來許多經濟學家的批評，特別是福利經濟學的支持者。不過，與其說這本書揭露許多政府行政的無效率及無效用，不如說是布坎南轉個彎，希望公民在參與政治時要有自覺，不應該把增加社會福利與平等的權力隨便交給政府，再虔誠地等待他們的恩賜，如此才能期待真正有效的政府決策。

❊尋求寧靜的日子

布坎南不是第一個關心政治的經濟學家，卻是第一個精細地將政府體系以經濟學方式探討的學者。八〇年代的學者將公共選擇理論認定為新政治經濟學（new political economy）的理論基礎，布坎南因此在一九八六年獲得了諾貝爾經濟學獎。

步入中年的他，在維吉尼亞理工學院成立公共選擇研究中心（Center for Study of Public Choice），一九八三年將此中心移往喬治梅森大學（George Mason

University）。一九八八年退休至今，九十歲高齡的他仍然擔任此中心的學術顧問，繼續培養政治經濟學人才。除此之外，年邁的布坎南還買了很多農地，親手栽種自給自足，甚至會劈柴燒飯，故意不用瓦斯。一輩子忙碌於政治和經濟事務，布坎南終於找回自己的寧靜。

打開經濟學視野的納許均衡

約翰．納許（John Nash, 1928-）

或許透過電影《美麗境界》的欣賞，許多人已經知道納許這號人物。嚴格說來，納許並不是正統的經濟學家，而是數學家。雖然對經濟學一知半解，納許的理論卻大幅度改變了個體經濟的研究方法，開拓新的研究領域，為現代應用經濟學打下扎實的根基。

沉默寡言的天才

納許出生於美國西維吉尼亞州，父親是電器方面的工程師，母親則是一名中學老

重點Snapshot 布坎南認為人類社會由經濟市場、政治市場兩個市場組成，他以經濟學的方式研究政府運作，特別關心政府失靈的問題。

師。納許從小就很孤僻，不愛與同年紀的小朋友玩耍，更常把自己關在房間裡敲敲打打。父母一開始很擔心他是否有自閉症傾向，所幸上小學之後，證明了納許只是在智力方面非常地與眾不同。

從小學到高中，每位教過納許的老師都對他的數學理解方式感到訝異。儘管其他成績並不優秀，高中畢業後，納許還是順利進入卡內基大學攻讀數學。沒想到不到三年時間，納許就拿到了碩士。他的教授稱他是年輕的數學家高斯（Carl Friedrich Gauss），鼓勵他繼續攻讀博士，而在推薦信中，這位教授只短短寫了一句話：「他是個天才。」納許獲得許多頂尖大學的錄取，包括優渥的獎學金，但他最終選擇了最重視他的普林斯頓大學。

納許在卡內基大學期間，對於賽局理論大師馮紐曼（John von Neumann）的著作非常感興趣，也因此他進入博士班之後，就將研究重心放在**賽局理論**。很快地，二十二歲的他拿到了博士頭銜。

名家軼事

馮紐曼是美國少見的天才數學家，他不僅專精數學，對於量子力學和人類經濟行為也提出非凡的理論，更是近代賽局理論的奠基者。馮紐曼曾參與美國核子武器策略小組，也是電腦語言的開發者，現代電腦的二進位就是由馮紐曼和其他科學家設計而成。

☼納許均衡

賽局理論最早出自撲克牌遊戲的探討，例如在橋牌中，我們會去猜測對手的出牌邏輯，然後決定自己的出牌順序。十九世紀中，一些新古典經濟學家像是古諾，開始將這類探討用在廠商和國際貿易之間的競爭，賽局理論於是逐漸成型。

馮紐曼在二次世界大戰時，成功地將賽局理論運用在軍事策略和政治談判上，讓賽局理論和實務操作緊密結合。不過馮紐曼當時沒辦法解決「**非合作且非零和賽局**」的問題，最有名的例子就是「**囚犯困境**」，意思是關在兩邊的囚犯雖然彼此知道對方的策略，但是因為遭到隔離，兩人無法交談合作，導致彼此互相猜疑，最後誰也沒有好下場。這類問題也以其他形式出現，例如公地悲劇（common tragedy）、社會困境（social dilemma）等。一直到納許的博士論文《非合作賽局》（*Non-Cooperative Games*）出版後，這些問題的證明才得到解決。

納許在他的論文中證明了「非合作且非零和賽局」還是可以找到一個均衡解，即便是多人參與，彼此無法信任和合作的情況下，因為沒有人願意改變自己的策略，減少自己的效用，促使所有參賽者的效用最佳化，因此可以求得一個均衡解，這個均衡

大師語錄 思維的理性，對於人理解自身與宇宙的關係會造成阻礙。——納許

後來就被稱作「**納許均衡**」。

納許均衡被證明出來後，沿著這個概念，過去對於效率、資源配置及理性選擇等複雜問題，皆因為納許的學說而得到更明確的解釋。像是古諾的廠商競爭理論重新被審視，而有了新的答案。另外，福利經濟學、環境經濟學、資訊不對稱問題、智慧財產權問題、法律經濟學、國際貿易談判、軍事談判等，在七〇年代也開始掀起一波新的研究浪潮。

納許的美麗人生

不到二十五歲就發表了如此震撼學術界的論文，納許獲得舉世的注目。但對於功成名就，最令他感動的不是這些掌聲，而是他的太太——拉爾黛（Alicia Lopez-Harrison de Lardé）。

博士畢業後繼續任教於普林斯頓大學的納許，隨即於二十四歲那年被麻省理工學院高薪挖角，成為當時最年輕的教授，並且幸運抱得美人歸。不過好景不常，納許在三十歲那年被判定罹患精神分裂症，他開始幻想遭人追殺，並且像失智老人一樣到處

經濟學小詞典

➲ **非合作非零和賽局：**非合作是指參加賽局的所有人，彼此資訊無法流通，因此無法合作，只能單憑自己的想像，臆測對方的行為。非零和是指得到最大利益的人可以有好幾個，不是贏家全拿的局面。囚犯困境就是典型非合作非零和賽局。

遊蕩，常常喃喃自語地說些別人聽不懂的話。不意外地，納許遭到解職，拉爾黛懷著即將出世的孩子，將納許送進精神療養院。

一九六〇年納許出院，舉家搬回普林斯頓大學附近休養，並且得到學校的研究工作。沒想到納許的病情並沒有好轉，他獨自跑到歐洲躲起來，寄回一些奇怪的信件。兩年後，拉爾黛終於受不了壓力和他離婚。納許的症狀一直困擾著身邊所有的人，後來普林斯頓大學又將他解職，但仍然安排旁人協助他的起居和工作，不過納許又開始像孤魂野鬼一樣到處閒晃，還被學生戲稱是「普林斯頓的幽靈」。

一九七〇年，拉爾黛決定回到納許身邊照顧他。後來她花了十多年時間，協助納許復健，並獨自工作維持家庭開銷。一無所有的納許終於在一九八〇年後開始好轉，不再需要藥物協助，並開始起筆著作，中斷三十多年的學術研究終於得而復始。麻省理工學院重新聘請他為「數學高級研究員」，他轉投入電腦資訊的研究開發。一九九四年，納許獲得諾貝爾經濟學獎，他的成就沒有因為精神疾病而受到歧視，他也將這分榮耀分享給他的太太。沒有拉爾黛的陪伴，納許可能早已不存在人世。

納許今年已高齡八十四歲，仍然活力十足地在普林斯頓大學擔任客座數學教授。瘦長的身影永遠是他的金字招牌，而他的美麗人生也還在璀璨發光。

重點Snapshot 納許成功地運用數學探討人類決策行為，帶給賽局理論更廣泛的運用。

歐元之父

羅伯特．孟代爾（Robert Alexander Mundell, 1932-）

隨著科技發展，國際貿易日益頻繁。貿易帶來的好處不勝枚舉，不過國與國之間的金融匯率問題卻也浮出檯面，變成外交問題的一環。孟代爾是二十世紀最具影響力的匯率專家，在他的學說和實際參與之下，歐元得以合體成行。而他獲得諾貝爾獎肯定的最適貨幣區域理論，成為現代國家匯率政策的圭臬。

☼ 眾人挖角的年輕學者

孟代爾出生在加拿大，高中開始就非常喜歡經濟學，且相當聰穎。大學畢業後，他轉往美國華盛頓大學、麻省理工學院攻讀博士。一九五六年畢業後前往芝加哥大學繼續博士後研究，吸收了許多新自由主義的養分，奠定了他的經濟哲學基礎。

一九五八年，年僅二十七歲的他，在學術界已享有小小名氣，引起一連串的搶人大作戰。孟代爾先後到了加拿大卑詩大學（University of British Columbia）、史丹佛大學、約翰霍普金斯大學任教，沒多久又前往國際貨幣基金（International Monetary

Fund）組織任職。總計八年時間，不計兼職工作，孟代爾已至少換了六個學術單位，可見他的學術影響力確實不同凡響，但旅程尚未結束。

☼ 歐元整合的推手

一九六三年，孟代爾出版一篇關於匯率與資本流動的相關論文，將國際收支曲線納入 IS-LM 模型中探討，因此推論出在浮動匯率下，國際收支一旦出現赤字或大量順超，貨幣政策會比財政政策來得有效。反之，在固定匯率下，政府容易捉襟見肘，這時必須不斷進行財政干預，才能修正順逆超的問題。

這個理論就是國際貿易理論必讀的**「孟代爾—佛萊明模型」**（Mundell–Fleming model），對於當時較為保守的國際貿易局勢可說是一盞明燈。特別是許多抱持固定匯率的歐洲國家，之後紛紛放棄了固定匯率政策，這是邁向歐元整合的一大步。

一九七〇年代開始，孟代爾擔任國際貨幣改革小組主席，並擔任歐洲共同體的研究員。他呼籲歐洲各國思考單一貨幣的可能性，並在一九七七年出版了《新國際貨幣制度》（*The New International Monetary System*）一書，為歐元整合背書。孟代爾認為歐洲有相通且便利的地理環境，還有民主自由政治的價值觀，單一貨幣的發行有助於

大師語錄 人民幣將在未來兩年取代日元，成為全球第三大貨幣體系。——孟代爾

消除貿易障礙，並提升歐洲各地區的發展。孟代爾不僅奔走催生歐元區，後來更為歐元起草整合方案。

歐元整合成功與否，歐洲內部還存在很大爭議，不過往好處想，現在的歐債危機，也許能帶給歐元未來更多解決問題的手段和思考方向。

☼能者多勞的一生

年輕的孟代爾有各家頂尖大學爭著延攬。直到一九七四年，孟代爾前往紐約哥倫比亞大學任教至今，才算安定下來。不過四十歲後的他，其實還身兼其他大學的教授，包括南加大、賓州大學等。嚇人的是，世界各國貨幣相關組織也紛紛邀請他擔任顧問，除了上段談到的國際貨幣改革小組和歐洲整合體，包括聯合國、世界銀行、加拿大政府、美國聯準會等都提出邀請，孟代爾的頭銜多到連自己都記不清楚了。

二〇〇〇年開始，七十歲的孟代爾將研究目標轉往中國貿易和人民幣問題，並持續關心亞元區成立的可能。他將一生心力奉獻給全世界貨幣問題，至今老而彌堅，徒子徒孫難以望其項背。他對經濟學的熱血和熱情，就是他成為偉大學者的關鍵。

經濟學小詞典

➲ **最適貨幣區域：**各國在發展貿易時，一定會比較同區域或者貿易依存度高的國家，以思考本國貨幣政策。通常作法是釘住這些國家的匯率，以維持本國利益。孟代爾發現若某一區域內各國可以聯合起來，變成固定匯率，對外採取一致的浮動政策，則有助於區域經濟的發展。能夠符合該等經濟金融標準或條件的通貨區，稱之為最適貨幣區域。

3分鐘重點回顧

❶李嘉圖以比較利益為出發點，說明每個國家都該盡量生產自己的優勢產品，更認為政府不該在貿易中插手干涉，以免破壞生產效率及貿易價格。

❷李嘉圖等值定理說明政府以加稅和舉債方式籌措資金，長期效果皆一樣，今日加稅，明日用舉債來彌補社會；今日舉債，明日必用加稅來還債，表達財政政策的無效性。

❸邊沁的功利主義主要分為自利選擇與最大幸福兩大原則。每個人都會努力爭取自己的最大幸福，然而追求最大多數人的最大幸福，才能取得政策的道德正當性，開啟了現代國家的福利政策。

❹馬歇爾主張人口呈等比級數成長，糧食只以算數級數增加，是第一個用數學嚴謹的邏輯論證表示人口問題的經濟學家。

❺馬爾薩斯認為儲蓄要有限度，否則會排擠消費，造成需求不足，導致經濟衰退。他鼓勵有錢人多加消費，以及利用政府支出刺激需求，此觀念深深影響凱因斯，促使其提出節約的矛盾。

❻古諾從廠商交易的部分下手，利用數學知識，提出古諾均衡，奠下經濟學對於交易行為探討的基礎。

❼馬克思三個重要的經濟思想分別為剝削論、勞動剩餘價值論、歷史唯物論，為共產思想找到理論基礎。

❽ 馬歇爾首創靜態局部均衡分析，以供需曲線取代繁複的數學證明，並活用邊際概念。彈性、規模報酬遞增和遞減等觀念，均延續自馬歇爾的見解。

❾ 克拉克將邊際效用理論聚焦在社會分配問題上，認為從事生產工作應得的收入量，應該以實際生產成果來衡量，才是合理的財富分配。當市場經濟能夠自由競爭，財富就能適得其所。

❿ 巴瑞圖的資源分配理論陳述一個經濟行為最適化的概念。當市場中任何一方的變動必定造成其中一人效用損失，均衡點就處在巴瑞圖最適。當市場中任何一方的變動都不會造成任何人效用損失，就存在巴瑞圖改善。

⓫ 凡勃倫效應討論炫耀財和社會地位的關係，藉此批判資本主義扭曲人性的價值觀。凡勃倫並認為價格、市場、競爭、政治、法律等制度影響著人們的思想習慣，要分析經濟問題，不能不從這些制度面來看。

⓬ 熊彼得認為創新乃是經濟成長的引擎，創新的過程一定會帶來創造性破壞，企業家精神即是要能承擔這種風險。

⓭ 海耶克強調新自由主義，在經濟上向亞當．斯密看齊，但在個人自由上認為法治勝過個人自由，因此政府該做好國防、治安等民間無法完成的工作，其他經濟活動要完全放任。

⓮ 布坎南以經濟學的方式研究政府運作，特別關心政府失靈問題，主張透過約束政府權力、改變投票制度等來改善。

Day 04 Thursday

星期四

學科分支

-Discipline-

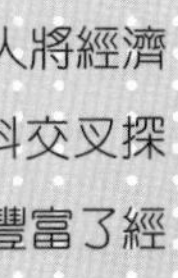

經濟學在十九世紀開始百家爭鳴地發展，有人重視福利分配，有人重視數理統計。二次世界大戰後，更有人將經濟學放在軍事研究、公共衛生等領域，與其他學科交叉探討。於是，愈來愈多經濟學學科紛紛冒出頭來，豐富了經濟學的世界。

經濟學與其他學科激盪出了哪些火花？——經濟學的分支

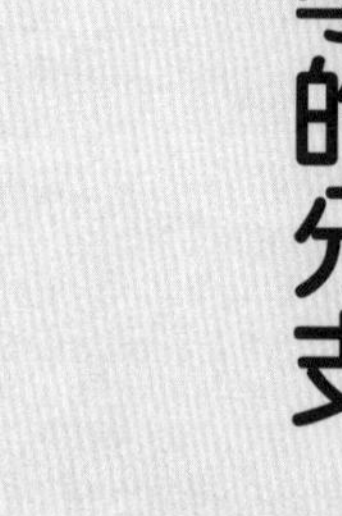

美國經濟學會從一九四〇年代開始，陸續將投稿的期刊論文按照研究對象歸納分類，一直到二〇一二年為止，一共分出了二十個大項目，也是我們一般比較常聽到的經濟學學科。不過這二十個項目還可以再細分下去。整體來說，經濟學可以分成四百多種討論課題，這個數目還在持續擴大，而學科之間仍然互相牽連著。有時還真的很難說清楚什麼樣的內容屬於哪一個特定項目。

在〈起源與發展脈絡〉的介紹時，我們已經了解個體經濟和總體經濟的討論內容，這是經濟學最基礎的區分。在這一章裡，我們根據一般大眾較常聽過的經濟學科，分成理論型與應用型來介紹。所謂理論型，是指該學科所探討的理論可以廣泛地被其他學科所運用，屬於方法或概念。舉例來說，計量經濟學不會只用來討論總體經濟，包括公共衛生、教育經濟等都可以看到它的身影。所謂應用型，即是應用經濟學，指利用經濟學方法研究特定學科對象，像是法律經濟學、公共經濟學等。美國經濟學會的二十個大項分類，大多屬於這一類型。區分理論型及應用型兩大類，以此介紹經濟學的分支，能夠清楚了解學科之間的交互關係，而不會混亂。

理論型 計量經濟學（Econometrics）

起源與定義

經濟學在十八世紀時就已有統計的應用出現，不過孤掌難鳴，加上數據取得不易，即便發展出了統計理論，但有興趣的人並不多。新古典經濟學時期之後，數理經濟學開始受到重視，統計的應用因此被大力推崇。

重點Snapshot 計量經濟學是數學、統計、經濟分析三者結合的經濟學科。

第一個使用「計量經濟學」這個名詞的人，據說是一九一〇年歐洲學者席姆帕（Pawel Ciompa）。不過當時沒有明確的定義，而是自創一個字來使用，尚未受到正視。到了一九二六年，挪威經濟學家費里希（Ragnar Frisch）仿照生物計量學（biometrics）的字詞語意來解釋，計量經濟學從此有了正式的定義。

計量經濟學是經濟學的研究方法之一，被廣泛運用在總體經濟學裡，但個體經濟學也不乏計量的運用，因此後來學者給計量經濟學下一個明確的定義：「**數學、統計、經濟分析三者結合的經濟學科。**」它不僅是對於經濟現象的數字歸納和討論，也對經濟問題的發展做出預測。「菲利浦曲線」這個探討失業率和通膨關係的數學模型，就是源自於計量的方式。

❊ 計量經濟學的探討內容

一般來說，計量經濟學的基礎奠基於**機率論**和**統計學**。統計學比較廣為人知，像是平均數、四分位數、標準差、迴歸分析等的應用；機率論除了以前學習過的排列組合，俗稱傳統機率，更進階的就是統計機率。不過現代統計學課程多半已將基礎機率論納入，讓人以為統計和機率本是一家人，其實就機率的學問來看，還是有相當程度的不同。

統計學的應用相當廣泛，幾乎橫跨所有學術領域，如心理統計學、教育統計學等。統計學的目的可分為兩種：（一）**描述現象**，例如台灣有二五%的家庭在貧窮線以下，這會比我們直接說全台有一百二十五萬戶在貧窮線以下來得有意義，因為一百二十五萬戶到底是多是少，需要統計出一個比例才知道。（二）**推論事實**，透過數據的收集，企圖找出一個規律，或者驗證下一次出現的機率。舉例來說，在台北市隨機抽樣一萬個大學生，發現有七五%的大學生因為近視而戴眼鏡，假設台北市現在有十萬個大學生，我們便可以推論近視人口可能將近七萬五千人之多。

另外比較複雜卻相當重要的統計學，就是迴歸理論，這也是計量經濟學的研究方法重點，運用設計迴歸模型的方式，檢查變數和觀測目標之間的相關性。例如，我們可以探討大學畢業起薪和學校、科系、性別之間的相關性。假設我們得到一組迴歸模型數據：

$$\text{起薪} = 0.5 \times \text{學歷} + 0.55 \times \text{科系} + 0.01 \times \text{性別} + 3500$$

重點Snapshot 計量經濟學奠基於機率論和統計學。

從這個迴歸模型，我們可以推論科系對於起薪的正相關性最大，而性別幾乎沒有影響。如果已知A同學的科系、學歷和性別，我們也可以反向推論他的起薪數字。不過有個重點一定要記住，**迴歸模型不代表因果，只檢測是否相關**。也就是說，在這個例子中，科系和起薪有相關性，但不是絕對的影響。

迴歸理論還有一個更高階的研究，就是**時間序列**（time series）。顧名思義，時間序列就是把時間的因素加入迴歸模型來考量，這是經濟學動態分析的一種。這套方法很常見於股票市場，所謂的移動平均線、ＫＤ線、元月效應等，都屬於時間序列的探討。近二十年來，因為有了電腦的協助，時間序列的計算不再複雜，運用在經濟學上也愈來愈廣泛。

上述這些統計學，其實都跟機率緊密相關，因為我們在統計推論時，必須做「假設檢定」，就是利用「機率分配模型」作為測量工具，測出我們的統計推論有多少機率可以被接受。幾個常聽到的機率分配模型，例如常態分配、卜瓦松分配、卡方分配等，一般會選定九五％以上才會接受推論。所以每次報紙的選舉民調，後面都會寫上信心水準九五％、正負誤差三％這樣的數據，這就是所謂的統計機率。

其他機率的運用也很有趣，通常經濟學還會用機率來探討保險問題、個人效用等，最常見的例子就是賭博和賽局行為，以機率去推論或解釋一個人的決策。風險精算更是相當複雜的另一種機率計算，涉及到許多高深的數學應用，也難怪精算師非常不好考，收入相當可觀。

以上這些關於統計和機率的介紹，若能搭配運用在經濟問題上，就是計量經濟學最基礎的運用了。

計量經濟學的運用

我們知道統計學的目的在於「描述現象」以及「推論事實」，計量經濟學涉及經濟分析，所以更重要的目的在於**「提供決策」**。舉例來說：

台灣是個原物料進口國家，每年進口鐵砂、石油等，皆和GDP成長有相當大的關係。如果你是某石油公司的老闆，預估明年GDP為二%，則明年公司應該進口多少石油，以免庫存過多？

這個時候，我們就必須收集過去的變動資料，利用迴歸方式分析GDP和石油消

重點Snapshot　統計學的目的在於描述現象及推論事實，計量經濟學更重要的目的在於提供決策。

耗的相關性。當然，精細一點的研究會再把時間和季節因素加入，畢竟每個月的用油量和天候也有很大關係。最後，我們會得到一個公式模型，這樣就可以輕鬆預測明年公司的進口量。

除了這類的分析應用外，經濟學尚有太多的數據，彼此之間需要再做驗證，像是「貨幣需求彈性」、「匯率、利率之間的影響」等，這些都是計量經濟學相當熱門的話題。過去所提出的經濟學論點，也有很多正一步步受到計量經濟學的重新檢驗，例如「李嘉圖等值定理」。不僅如此，計量經濟學和其他經濟學科交叉使用的情形也相當多，像是「政府公共福利政策和GDP之間的關係」、「政府直接投資對民間投資的排擠程度」等。

計量經濟學是近三十年最熱門的經濟學研究方式，這股實證主義的浪潮也推向了其他人文社會學科。不過，雖然它是一門講求數字證據的科學，但一個好的計量模型，還是必須有一個觀察入微且富有理論基礎的思維，如此在設定變數上，才能真正切中要領，得出精華以及足以服人的論述。否則，光看到數字就亂湊在一起，雖然有時真的可以得到一個模型，但說不出個所以然，就不是計量經濟學要的結果了。

制度經濟學（Institutional Economics）

☼起源與定義

在介紹經濟大師凡勃倫時，我們稍微提過制度經濟學的概念。制度經濟學在過去西方經濟學裡，一直被認為是非主流的經濟學科，其學派不像芝加哥學派或凱因斯學派有著嚴謹的信念。不過制度的研究，在二十世紀末開始受到重視而成為顯學，近年來也產生不少諾貝爾獎的得主。究其原因，在於制度經濟學不僅想法與眾不同，其研究經濟學的方法更是獨特，確實對社會制度運作有著極大的實質貢獻。

這裡要介紹的制度經濟學，屬於「新制度學派」的理論，也有人稱為「高伯瑞主義」，與歐洲馬克思主義研究者所稱的「制度」有不一樣的意涵。除了融合美國學者凡勃倫的理論想法外，它對於資本主義所涉及的價值觀及政策，有著更強力的批判，並且針對凱因斯主義衍生出來的問題加以診斷。

顧名思義，制度經濟學切入經濟學的角度在於制度層面，範圍包括企業、工會、

重點Snapshot 制度經濟學重視制度層面的討論，包括企業、工會、國家、家庭、集團等相關有形與無形的制度。

國家、家庭、集團等相關有形無形的制度。引用美國經濟學家格魯奇（Allan Gruchy）所下的定義：「把制度一詞運用於經濟學，是因為經濟制度是人類文化的一部分，而人類文化是許多制度的混合。」所以制度經濟學是以「文化」為視角的一種經濟學探討方法，重點在於分析經濟問題的「質」，而非傳統經濟學重視「量的均衡」。因此，對於像是經濟成長率、工業生產增長率等，制度經濟學家並不認同注重成長是好事。它們只是經濟價值，是各種社會價值中的一種，如果只追求成長而不顧其他價值的存在，並不是好的經濟表現。

此外，制度經濟學常採用結構分析的方式來研究，就是針對某一經濟現象，把相關的人、事、物拆開來逐一分析，探討之中的權力、利益、價值觀問題。這些分析多半都牽扯到倫理學問題，這也是制度經濟學所要探討的重點之一。比如政治人物常會高喊：「政府挺銀行、銀行挺企業、企業挺勞工。」站在制度經濟學的角度，就會考量一個問題：「沒有相關制度配合，企業為什麼要挺勞工？」這就是結構分析的一種思維。

名家軼事

經濟學家格魯奇在美國馬里蘭大學任教超過五十年，是美國制度經濟學派的要角。哲學底子深厚的他，一生中寫過許多經濟思想的評論和分析，特別是一九四七年《當代經濟學思想》（*Contemporary Economic Thought*）一書，為新制度經濟學的哲學概念打下深厚的基礎。

不過，制度經濟學是社會主義的追隨者嗎？雖然制度學派流著德國歷史學派的血液，早期的代表人物也曾嚮往社會主義制度，但現代的制度經濟學已偏向產權、交易、企業等理論研究，離馬克思或中國式的社會主義概念已遠。然而可以確認的是，制度經濟學永遠是資本主義的一面照妖鏡。

制度經濟學的探討內容

從文化的角度出發，是制度研究的手法，所以制度經濟學對於經濟體系的探討，也有其基本的理論和觀點。根據高伯瑞的學說，大致可以從三個方向來理解制度經濟學的內容。

1 權力轉移論

制度經濟學派認為權力來自於生產要素的掌控。過去中古歐洲生產要素主要來自土地生產，因此封建地主掌握了經濟權力；後來資本主義發達，資本家掌握了權力；二十世紀以後，專業知識的力量有逐漸取代資本的跡象，所以像是會計師、律師、醫師、電子工程師、管理階層等，開始掌握了權力。

大師語錄　制度經濟學的目標，是研究在制度變化下，人們如何於現實中做出決定，這些決定又如何改變世界。——諾斯（Douglass North, 1920－）

另外一個支持權力轉移觀點的理論，就是企業組織結構的變化。十九世紀企業融資不易，不像現在有發達的股票交易市場。在股東人數不多的情形下，這些股東自然地會關心公司發展前景，並且熱烈參與。隨著資本自由流動的發展，現在許多企業的股東人數多到難以計算，甚至所謂的大型股東，也只關心股價的變化，選擇低買高賣賺價差，不太理會企業的發展，真正與企業休戚與共的是經營管理階層。因為這樣的權力移轉，企業的目標從利潤最大化轉變成穩定成長，這也是成熟企業的象徵。如果企業還在強調股東的重要，這是管理者自欺欺人的說法。

2生產者主權

因為企業目標的轉移，必須對產品和價格有一定的控管，甚至合縱連橫來進行銷售，保持利潤的穩定，因此過去傳統經濟學家標榜著自由開放市場，供給會依照需求而產出，價格由供給需求決定，這些論調已明顯不符現狀。當代企業有自主的訂價策

經濟學小詞典

➲ **計劃體系與市場體系**：根據經濟學家高伯瑞的觀念，有控制價格能力的大型企業屬於計劃體系，因為這些企業有錢且有能力主導產品價格、行銷、政治遊說等，使自己獲得更多利益。許多小型企業只能視市場需求臉色，沒有太多餘力拓展自己的其他利益，更不用說定價能力，這些企業就屬於市場體系。

略能力，並且希望把產品賣出去，中間的需求落差可依靠大量的行銷來說服消費者，這些就是生產者主權的表徵。現在產品行銷手法相當多樣，可見生產者主權日益擴大，確實不同於過去的資本市場。

3 二元體系社會

高伯瑞進一步認為，雖然企業存在著生產者主權和權力轉移現象，但大部分屬於小企業的公司並沒有發生這種現象。大、小企業共存於現代社會，前者稱為**「計劃體系」**（planning system），後者稱為**「市場體系」**（market system）。所謂的二元體系社會，就是這樣而來。

處於市場體系的企業，屬於受環境支配的企業，例如代工廠商，它們通常所需的技術條件不高，但勞動人口眾多，因此常靠著自我剝削的方式爭取生存，尤其是尋找低廉的勞工、增長勞動工時等降低成本的策略。另外，政府官員容易受到大企業影響和遊說，大多數的政策便有利於「計劃體系」，因此加速拉大了貧富差距的對立。

以上三項理論描述，都說明了權力移轉和經濟運作之間的關係，是一種整體環境的考量。不過，與高伯瑞同期的幾位知名制度經濟學者，如寇斯和諾斯等人，後來把

重點Snapshot 制度經濟學派原先主要討論生產權力移轉和社會經濟結構等問題，後來轉向討論交易成本和產權轉移問題。

制度研究重點從總體大環境的面向，轉向到企業、個人、政府之間的互動關係，討論產權理論和交易成本理論。

後來的制度經濟學家肯定，透過「交易成本」的概念，可以讓我們知道制度為什麼要存在，以及它怎樣發生變化，我們可以如何用更經濟的方式來生產和交易。另一方面，他們也肯定產權歸屬的確認能保障企業的技術創新，帶來交易成本的降低，及更有效的資源安排。這些思維成了現代研究經濟制度最熱門的方向。

制度經濟學的運用

制度，有時候是短暫的契約，有時候是長久的法律，更有可能是我們習以為常的生活習慣和文化。如果今天交通法規改成紅燈行、綠燈停，初期執法的交通亂象一定難用筆墨形容。這就是制度深入生活習慣的最佳例子，而我們周遭有太多這類的制度了。

提到制度經濟學的運用例子，不得不提一九九一年獲得諾貝爾獎的寇斯。他提出

名家軼事

寇斯是英國人，但後來的學術生涯在美國得到發展，是芝加哥大學的經濟學兼法律學院教授。他的經濟學相當重視人與人的互動關係，也因此將研究放在制度面的探討上，同時成為了法律經濟學的開山祖師之一。寇斯至今已一〇三歲，仍然在為經濟學努力，他呼籲經濟學家要離開黑板，理論要能接近社會。

的**寇斯定理**被廣泛應用在交易、社會問題等許多制度層面。寇斯是在思考無線電頻道波段的交易問題時，寫下這一套理論。

首先，他認為如果雙方沒有存在任何交易成本，不管產權最後分配給誰，產權所帶來的資源配置都能夠達到巴瑞圖最適；同時，也能去除負面的外部性問題。但現實狀況不可能沒有交易成本，因為交易成本的產生方式太多，例如訴訟、雙方存在誤解、老闆個性固執、聘用律師談判、過多時間成本等都是。所以寇斯進一步認為，雙方若存在交易成本的問題，政府或有權力的第三者要先判定產權歸屬，如此一來才能有效降低交易成本，促使雙方在資源配置上達到最適。

舉例來說，工廠排放廢水，汙染問題產生了社會外部成本，附近居民的抗議引起相當大的迴響，並且要求工廠提出巨額賠償。如此龐大的交易成本，導致工廠和居民難以達成共識，此時政府應該判斷河川的汙染權歸屬於工廠還是居民。如果汙染權歸於工廠，就表示居民應該自行花錢貼補工廠，促使工廠降低排放量；如果汙染權歸於民眾，則工廠就可能分期負擔使用權利金，以達成和解。雖然得到補償的對象會不一樣，但在雙方成本資訊都很透明的情況下，依寇斯定理判斷，汙染排放量最後會殊途同歸，不致於形成談判僵局。

重點Snapshot 寇斯定理告訴我們，產權的歸屬判定會影響交易成本，進而影響社會福利總數，制度設計必須考量此點。

理論型

福利經濟學（Welfare Economics）

當然，這聽起來離現實有段差距，實際上產權問題的背後，還涉及許多價值觀的判斷和交易成本的考量。例如這間工廠汙染的問題已經嚴重到無可想像，怎麼可能還會把汙染權交給工廠呢？無論如何，寇斯定理點出了一種制度設計的思考方式，而制度經濟學正是致力於研究這些經濟互動的關鍵。

此外，制度經濟學的研究也開拓了法律和公共經濟學。之前提過的經濟大師布坎南，也是善於制度研究的專家之一。後來也有人結合賽局理論，探討制度設立可能產生的預期行為等，相當精采多變。

名家軼事

庇古也是經濟學大師馬歇爾的重要門生之一，他相當重視功利主義所提出來的效用觀點，因此重視社會總體福利效用的問題。庇古也是二十世紀早期有名的財政學教授，擔任英國許多稅務相關委員會的主要顧問。他與另一位同學凱因斯時常針鋒相對，是經濟學界的一則趣談。

法國大革命落幕後，自由主義逐漸深植人心，開啟了新一波歐洲啟蒙時代，其中對於經濟學發展至為重要的，就是邊沁提出的功利主義。爾後經濟學家巴瑞圖提出最適理論，馬歇爾提出消費者剩餘的概念，兩人致力於探討個人或廠商的資源配置和效用問題，福利經濟學就此有了研究方法的雛形。

十九世紀末，經濟學家庇古重新解釋功利主義的觀點。有鑑於當時世界戰亂，社會貧富問題加劇，庇古將重心轉往分析社會整體的福利問題，並於一九二〇年出版《福利經濟學》（*Welfare Economics*）一書，福利經濟學從此具備了現在的觀念。所以也有人以庇古為劃分基準，將福利經濟學分成「舊福利經濟學」與「新福利經濟學」，而本節要介紹的屬於後者。

大多數人可能以為「福利」是要討論失業救濟金、勞工保險等問題，其實不然，社會福利問題只是福利經濟學的一部分而已。事實上，「福利」這兩個字相當抽象，它包含自由、安全、和諧、愉快等感受，或者簡單來說，就是一種「滿足感」，也就是「效用」。任何經濟活動的參與者都有自身的滿足感問題，所以福利經濟學就是在探討**效用配置**的一門學問。

進一步來解釋，有些「效用」可以用貨幣來衡量，有些則難以形容。像是每年

重點Snapshot 福利包含自由、安全、和諧、愉快等感受，簡單來說就是一種滿足感，也就是效用。

最令上班族期待的年終獎金，拿到三個月絕對比只拿一個月高興；同樣地，交女朋友也會令人愉悅，不過同時交兩個女朋友，其「效用」就不一定勝過只交一個了。關於年終獎金的例子，可以用貨幣來衡量效用程度的多寡，我們稱之為「**經濟福利**」，也是福利經濟學主要探討的內容；後一例這種感情問題，除非可以找到相關的量化指標，否則福利經濟學不談這一類問題。

所以，福利經濟學本質上是一種效用分析的討論，經過許多變革之後，大致可以分為兩種目的：（一）用實證經濟學的方式，判斷政府政策的好壞及合理性；（二）討論政府干預下，社會各種經濟活動所帶來的福利變化。福利經濟學不僅影響許多公共政策領域的學術研究，也為其他經濟學學科帶來相當重要的理論基礎。

☼福利經濟學的探討內容

過去，福利問題一直隱含在個體經濟學的討論中，例如「消費者剩餘」、「供給

經濟學小詞典

➲ **消費者剩餘**：消費者願意支付的最高價與實際支付價格的差距的總和。

➲ **生產者剩餘**：生產者願意賣出產品的最低價與實際賣出價格的差距的總和。

➲ **社會無謂損失**：理論上，「消費者剩餘＋生產者剩餘＝社會總福利」。若有其他因素干擾，導致「消費者剩餘＋生產者剩餘＜社會總福利」，失去的部分就是社會無謂損失。

者剩餘」、「社會無謂損失」等觀念，都是福利最基本的分析方式。後來庇古為福利經濟學注入新的養分，但一直到二十世紀中，學者阿羅（Kenneth Arrow）和德布魯（Gérard Debreu）發表福利第一和第二定理之後，福利經濟學從此有了完整的思維。

所謂的**福利經濟學第一定理**（First Fundamental Theorem of Welfare Economics），其實是重新詮釋完全競爭市場的理想均衡狀態。阿羅和德布魯認為：「在個人追逐自利、不需要公共財、不存在外部性，而個人僅是價格接受者的社會裡，當價格機制達到均衡時，資源配置能實現巴瑞圖效率。」簡單來說，第一定理告訴我們，在這幾項條件存在下，政府的任何干預都沒有意義，市場會自行配置資源，使得整體社會福利達到最理想的境界。不過實際上，市場不可能如此完美，或多或少會存在效率的干擾，這類的干擾我們稱作「**市場失靈**」。

經濟活動難免無法達到最理想狀態，因此在資源分配上，就會有重新分配的問題出現。一旦資源需重新分配，就會涉及公平、合理性的問題。阿羅和德布魯於是提出**福利經濟學第二定理**（Second Fundamental Theorem of Welfare Economics）：「政府可以設計一套重分配政策，先將給定的初分配調整到理想的初分配，再讓市場機制開始運作，其結果不僅會出現第一定理指出的最適境界，而且是政府政策設計之初所

重點Snapshot 福利經濟學第一定理及第二定理，都在解釋政府是否干預資源分配的問題。

期待形成的理想的後分配。」簡單來說，第二定理認為如果能確認市場機制的存在，即便分配有障礙，此時政府干預是可行的，也一樣可以達到巴瑞圖最適。

這兩個定理背後都指出一件重要事情，就是：何謂「公平」、「合理」？是齊頭式的平等？還是立足點的平等？福利經濟學雖然沒有直接提出答案，但在理論上，若我們能先確認一個「公平的」方式，則一定可以從第一定理或第二定理當中，找到巴瑞圖最適境界。所以也有許多經濟學家乾脆跳脫實證分析，從規範分析中探討福利經濟學，像是「平等」、「正義」等經濟行為的研究。

❊ 福利經濟學的運用

福利經濟學有了這些概念，於是向其他學科領域延伸，特別是公共經濟學，像是財政、社會保險、公共選擇問題等，最常看到福利經濟學的身影。不過這幾年最熱門的福利經濟學運用其實是環保問題，主要在探討如何抑制人類行為對生態環境所產生

經濟學小詞典

➲ **庇古稅**：經濟學家庇古認為，對於一些會產生外部負面價值的工廠，其造成的損失應該用課稅加以阻止或彌補，這個稅目就是所謂的庇古稅，例如空汙稅、能源稅等。

的負面外部性影響，最基礎也最著名的運用當屬庇古稅（Pigou tax）。

不能否認，現代社會已經脫離不了動力器具的使用，包括電力設備、高鐵、飛機、汽機車等。我們在使用這些工具時，當然可以創造屬於我們自己的經濟價值，卻也或多或少帶來了汙染，例如空氣汙染，這種傷害經濟學稱作「**社會負面外部性**」。一言以蔽之，「我雖不殺伯仁，伯仁卻因我而死」。就是外部性問題。

不只環保問題，其他負面外部性的累積，最後都可能造成所有人均是輸家，並且傷害經濟的運作。這顯然是種令人厭惡的自私，庇古因此致力研究這些問題，從稅收方式討論矯正負面外部性的方法。他認為經濟活動雖然會帶給個人經濟利益，也會提升社會整體經濟利益，但外部性問題會產生社會成本，例如受害民眾必須花錢去看病。關鍵問題就在這些成本和利益不一致，因此庇古認為此時政府必須從量課稅，用這筆稅額補貼社會成本，並抑制生產者對於汙染的排放。如此一來，外部性所帶來的社會成本，就不會無止境地增加。這就是庇古稅的概念，現今全球各式各樣的環境汙染保護稅，像是空汙稅、能源稅、垃圾隨袋徵收費用等，都是庇古稅的一種。

寇斯定理利用產權歸屬解決外部性問題，庇古則利用課稅解決，不過現實生活中，好像沒有那麼有效，畢竟福利經濟學考量到政府的干預，但是政府的施政往往受

重點Snapshot 庇古和寇斯的理論，對於消除經濟負面外部性有相當大的貢獻。

到權勢之人的影響。此外，福利經濟學考慮到社會整體的幸福感，但每個人對幸福的定義完全不一樣，就像有的人願意接受汙染補助，有人希望這些工廠立刻停止生產，誰對誰錯呢？不知道。這也是為什麼經濟、政治、倫理學永遠分不開的原因，所以大多時候，經濟活動不是理論的問題，而是人的問題居多。

應用型 公共經濟學（Public Economics）

✲ 起源與定義

早期的公共經濟學又被稱作財政學。關於財政的研究，其實從重商主義時期就有許多文獻記載，範圍不脫政府的稅務支出和收入。後來隨著經濟學的發展，特別是福利經濟學的理論及凱因斯主義，財政已不再只是政府收支問題，社會福利、各種稅務、補貼政策等，通通被統合在一起研究，因而有了現在這個名稱。因為它的研究對象是政府，所以也有人稱它為「**政府經濟學**」。如果要下一個明確的定義，現代的公共經濟學可以說是基於福利經濟學的理論，討論各種政府行為、決策、管理的經濟學科。因此公共經濟學有個與福利經濟學同樣的價值觀，就是公平和效率。

不過，公共經濟學並不是政治學，也不是要提倡「大政府」的思想，而是運用客觀研究提供政府決策思維。什麼事情該介入？什麼時候介入？怎麼介入？有什麼效益？像是失業補助、老年津貼等，擁有許多複雜因素，這就是公共經濟學要討論的重點。因為內容繁雜，公共經濟學必須運用相當多學科知識來研究，除了以福利經濟學為基礎，社會學、會計學、政治學、倫理學、法律學、賽局、制度經濟學等，在學習這門學科時都會運用到。

❂ 公共經濟學的探討內容

既然運用相當多的理論作為研究基礎，「公共」這兩個字所涉及的問題，想當然耳也是相當多元。不過，經濟學從中也分了各種專門的應用學科來討論，例如醫療、教育、勞工經濟學等。所以現代的公共經濟學，有較固定的討論範圍，大致可以分為下列幾個主題。

重點Snapshot　公共經濟學就是以經濟分析方式，探討政府的政策運作效率和效益。

1 稅務與債務

公共經濟學家往往像扮演政府的會計師一樣，必須精準掌握國家的資產負債狀況，並且適時提出償債計劃及舉債警告。

不可諱言，現今政府運作的最大動力，除了錢還是錢。這幾年歐債危機爆發，就是財政收支遇到困境，進而導致金融體系不穩所引起。稅務和債務問題，是每個國家都會面臨的重要課題。

公共經濟學將稅務分成三個方向來探討，即**稅目**、**稅收**、**補貼**。我們知道政府課稅除了是為獲取財源，有時候課稅也是為了影響市場供需，或是為了保護產業，增進國家整體福利。例如政府課徵奢侈稅，就有抑制房市成交量、避免炒作房價的作用。所以，什麼稅該課、什麼稅不能課、課了稅後又會怎樣，諸如此類的問題是公共經濟學常見的討論。

此外，與課稅相反的就是補貼。這裡的補貼是針對市場商品交易而言，不是社會救助。政府為了保護本國產業，課稅和補貼都是常用的手法。不過補貼有好有壞，例如商人可能因為補貼而失去創新動力等。這之間的效率、福利、公平問題，就屬於公共經濟學的範疇。

2公共財的設置

公共財的問題是公共經濟學重要的一環，不過，經濟學裡的公共財並不是指公共設施像公園、圖書館等，凡屬於公共財的財貨，一定具備以下兩個特性：**不具排他性，也不具敵對性**。

所謂「排他性」，是指所有人都有使用權利，沒有任何門檻；「敵對性」，是指每個人在使用時，不會造成他人無法使用或減少使用的情形。其實很多財貨都具備這兩個特性，例如國防。戰爭時，軍隊不可能只保護億萬富翁，請其他人各自逃難，畢竟飛彈打過來，誰也不知道會打到誰，所以國防無法「排除任何人」。它也不會因為保護了其他人，導致億萬富翁被保護的效用減少，造成「敵對性」。所以，國防就是公共財最典型的範例。其他像是燈塔、路燈、空氣等，都是公共財的一種。

像公共財這類東西，經濟學家認為絕大多數必須由政府提供。此外，從這兩個特點來思考，有些服務可能近似公共財，例如高速公路，大多時候只要你有汽車，政府不會阻止個人使用，所以不具備「排他性」。但是，當人愈多時，會造成他人用路的

重點Snapshot 稅收是政府運作的動力來源，也是影響市場經濟的一把利刃。

不便，甚至可能迫使他人改走平面道路，這時就產生了「敵對性」。原本希望可以提供運輸效率的美意大打折扣，這時公共經濟學就會提出政策，像是按里程收費、高承載管制等，避免這些「準公共財」失去應有的效率。

這些研究的最大目的，就是要讓政府在提供財貨服務時有個判斷基準，何時應該插手，何時應該放任市場自由交易，而何時利用混合的方法（BOT）也能有效率，如此才能增進社會整體的福利。

3 政府預算支出政策

政府支出所要討論的，就是一般大眾最關心的社會福利和經濟建設。社會福利又可分成社會安全、社會救助、社會保險。這方面通常還會涉及規範經濟學的討論，像是健康保險，交給私人企業或政府來做，各有利弊。公共經濟學家除了就效率問題來考量之外，還會考量財政負擔以及所達成的效用，防止社會福利變成政治人物的選舉支票。

經濟學小詞典

➲ **拉用腳投票**（voting with their feet）：公共經濟學裡頭常會提到用腳投票這個概念，最早由美國經濟學家蒂伯特（Charles Tiebout, 1924－1968）提出，意思是說地方政府之間存在許多公共設施、財貨、稅率等差異，人民會評估自己所需，適時以搬家方式，表達對該地政府施政的不滿，這就是所謂的「用腳」投票。

經濟建設的部分，在公共經濟學中相當有趣，除了我們熟悉的政府投資，還有討論國家安全和戰爭收支。國防不是只有買武器和訓練而已，美國政府有很多研發經費會放在國防預算，而往往國防支出會帶動工業的產值，其實也是一種建設。這些效用和效率的計算，也是公共經濟學的範疇。

4 各級政府行政行為

除了研究政府的財政行為，公共經濟學家也很關心中央政府和地方政府的互動關係。不只在台灣，幾乎每個國家的地方自治都會面臨財政窘境。如果地方政府破產只要伸手就有錢拿，中央政府的財政很快會被吃垮，此時中央政府需有原則甚至罰則，該扮演怎樣的角色，該優先插手協助哪些項目，探討各級政府間的財政互動，也是公共經濟學重要的討論。

以上這四個主題，就是公共經濟學的重心。當然，還有許多小題目，也可在學術論文中發現，像是公務人員的行政效率、利益遊說、政策外部性等。現代政府愈來愈重視公共經濟學的理論分析，畢竟在凱因斯經濟學盛行之後，政府在經濟活動中所扮

重點Snapshot 布坎南是公共經濟學重要開創者之一，多個理論皆出自他手。

演的角色日趨複雜，已經不是幾百年前有個賢能愛民的君主就好。揮動這部國家機器，需要更精準的判斷。

應用型

貨幣經濟學（Monetary Economics）

※起源與定義

介紹貨幣經濟學之前，讓我們先從幾段小故事認識貨幣。

故事一

人類最原始的交易活動，是從以物易物開始。從前，北海漁村有位很有義氣且守信用的漁夫阿丁，一家人靠著捕魚為生。因為需要升火來取暖和煮食，阿丁每天必須拿漁獲跟樵夫老李交換木柴來過日子。住在這個海邊小村的每戶人家，幾乎有著一樣的生活模式，而這樣的分工合作，維持了一個小型社會的運作。

但漸漸地，隨著人口增加，海邊小村的魚獲量也因為勞動力上升而增加。以前只有五戶漁夫，一天抓五十條魚；現在變成十戶，一天可以抓到一百二十條魚。但困惱的是，戶數的增加對於木柴的需求量也增加了，可是整個漁村依然只有老李一戶人家在砍柴，根本供不應求。於是阿丁想出一個方法：「好吧！以前一條魚可以換一斤柴，為了確保木柴不會被換光，我來跟老李談，用兩條魚換一斤柴，這樣老李一定願意跟我交換。」果不其然，老李爽快地答應阿丁的提案，沒多久群起效尤，有人出三條魚，有人出四條魚。最後，四條魚換一斤柴變成了常態，供不應求的現象逐漸好轉，但也有人開始思考要轉行砍柴。

故事二

日子一久，老李想著：「現在每天換出十斤的柴，可以拿到四十條魚，但我每天真的需要那麼多魚嗎？一大堆都放到腐壞了，真是浪費啊！」於是老李想出了一個方法。因為阿丁很守信用，他就跟阿丁說：「阿丁啊，我覺得每天拿那麼多魚也不是辦法，這樣好不好，你改用貝殼給我，我需要吃魚的時候，再用一個貝殼跟你換一條魚如何？」阿丁心想：「撿貝殼很容易啊！而且我每天補那麼多魚，根本不用擔心老李

重點Snapshot 貨幣的出現，乃是為了讓以物易物的方式更加便利，及增加交換的多樣性。

要換的時候換不到。我還可以先把魚拿去交換其他物品，老李拿貝殼要換魚時，我再去海裡撈給他就好了啊。」於是阿丁毫不猶豫地答應老李。後來阿丁除了捕魚，也開始撿一些貝殼當作交易信物。沒過多久，其他漁夫也開始向老李提出同樣要求，只是老李會篩選，不是每個人都可以用貝殼交易。

故事三

老李所收集的貝殼，都可以順利換到新鮮的魚。老李甚至拿阿丁的貝殼去阿珊的豬肉攤交換，阿珊也覺得這樣很方便，於是答應老李用兩枚貝殼換一斤豬肉。就這樣又過了好幾年，這些不同漁夫提供的各式各樣貝殼流通在北海漁村。漁村人口持續增加，而且捕魚技術也有進步，原本四條魚換一斤柴，又變成了六條魚換一斤柴，當然，貝殼也愈撿愈多。

歲月飛逝，環境無情，阿丁的魚獲量開始不穩定：「唉！我們家現在每天根本抓不到六條魚換柴，怎麼辦？乾脆每天撿貝殼好了，等到老李要換魚時再說吧。」某天，老李拿著阿丁給的二十枚貝殼，準備跟他換魚辦喜宴，沒想到阿丁竟然嚎啕大哭：「老李對不起！我其實沒有那麼多魚，可不可以給我寬限幾天？」老李生氣地說：「不行啊，我明天要宴客，你改天給我有什麼用！而且我去阿珊那裡，現在是四枚貝殼換一斤豬肉，跟當初兩枚貝殼可以換到一斤豬肉相比，我已經虧很多了，你還違約。我要去跟全村的人說，叫大家以後都不要相信你。」阿丁跪地求饒：「別這樣啦！我發誓，五天內一定加倍還你二十五條魚，求求你，好不好？」老李回答：「唉，好啦，看在你還年輕的分兒上，二十五條魚的條件也還不錯，但你可不准再說謊。」

五天後，阿丁依約給了老李二十五條魚，總算沒有失信於人。不過老李這幾天心裡一直在盤算：「如果連阿丁都會有這種問題，其他人那裡不是也都有換不到東西的風險？」於是老李詔告天下：「凡是拿貝殼跟我還木柴的人，在三天之內沒辦法換魚給我，之後每個禮拜每個貝殼，都要多賠〇．二條魚給我。」如此一來，有些漁夫就不敢亂撿貝殼混水摸魚，深怕被這個社會貼上詐欺犯的標籤，無法取信於人，造成生活困擾。

故事就說到這裡。這故事其實就是貨幣的由來，貝殼衍生成後來的貨幣，木柴和魚就是經濟商品。貨幣經濟學就是在討論貨幣的供給需求、商品和價格之間所產生的

重點Snapshot 貨幣的基礎是信用，即貨幣給予者保證貨幣持有者將來可以換得勞力或貨物的信用。

經濟關係。

關於貨幣的學問，開始於探討發行問題。古今中外都有很多文獻記載，像是《周禮》、《管子》都提到了貨幣運行的概念。但是關於貨幣和經濟發展的研究，還是要回溯到古典經濟學家率先提出的**「貨幣中立性」**概念。一百多年後，才有凱因斯挑戰古典經濟學的貨幣思維，提出貨幣會影響經濟的論述。到了傅利曼提出貨幣主義，確認貨幣的經濟效果，才有了現代貨幣經濟學的雛形。這一路走來的演變，使得貨幣經濟學產生了兩項特點：（一）**它屬於總體經濟學的一支**，也是主流學問，現代總體經濟學不可能不涉及貨幣問題；（二）**它多半會運用到計量經濟學**，是一種實證的學問，很少是規範性的討論。這些就是現代貨幣經濟學的面貌。

☼貨幣經濟學的探討內容

離開以物易物的時代後，有錢能使鬼推磨，即便錢非萬能，但沒有錢是萬萬不

經濟學小詞典

➲ **貨幣中立性**：在古典經濟學時期，對於貨幣供給問題提出中立性的概念。當貨幣供給增加，將使得物價同比例上漲，但其他的實質變數像是利率、所得不受貨幣影響。此概念甚早出現，但貨幣中立性這個名詞要到十九世紀末新古典經濟學時期才出現。

能。關於貨幣與人類的經濟，有相當多課題可以討論。

故事一告訴我們**通貨膨脹**和**經濟成長**；故事二說明了**貨幣的發行**；故事三告訴我們**利息的由來**。另再補充一個新的議題，就是**中央銀行的角色**。這五樣經濟問題，貫穿了貨幣經濟學。

1 關於貨幣供給與經濟成長

先從故事二說起，這裡點出一件重要事情，就是：**信用**！是的，貨幣的發行基礎來自於信用，而信用來自發行個體的過去、現在與未來的經濟實力。阿丁的貝殼能夠被老李接受，豬肉攤的阿珊願意接受老李用貝殼交換，就是基於阿丁的信用。另外，人類社會由於分工合作的關係，無時無刻存在著交易的需求。由於用貝殼當信物也有利於交易的方便性，所以貝殼會開始流通。如果阿丁沒有信用，例如阿丁流出了十枚貝殼，但是他根本沒有那麼多魚，這時整個市場就會出現問題。

若將阿丁比喻成一個國家，市場的貨幣需求基本上無法準確得知，但貨幣供給可以被阿丁計算出來，所以經濟的關鍵就出在貨幣供給。如果貨幣供給過多（貝殼撿

重點Snapshot 貨幣經濟學探討貨幣供需帶來的經濟問題。

很多，但漁獲沒增加），阿丁可能會更加努力增產，以維持信用。也有可能阿丁只顧享樂，到處拿貝殼亂換東西，很快地，市場上的貝殼突然出現很多，造成通貨膨脹，就像故事一的結局，原本兩個貝殼換一斤豬肉，但馬上有人出價用三個貝殼去換，最後大家發現阿丁根本沒有那麼多魚。信用破產之後，就算用一萬個貝殼也換不到豬肉。因此，貨幣經濟學很重視貨幣供給問題，到底一個國家要提供多少貨幣？這些貨幣要如何刺激生產，而不是空包彈？刺激生產的程度如何？簡單來說，就是通貨膨脹、經濟成長、貨幣供給的問題。

2 關於利息

貨幣的基礎來自於信用，但是未來的信用狀況實在太難預料，就像故事三的老李，為了彌補持有貝殼的兌換信用發生風險，因此提出了利息的觀念。這是很合理的，老李接受阿丁的信物，等於是阿丁的抵押品，變動當然要由阿丁來保障。所以我們向銀行借錢，或是存款到銀行（其實就是借錢給銀行），都會有利息。不過，利息

經濟學小詞典

➲ **金本位制**：貨幣發行的基礎很多，各年代和國家都不一樣。十九世紀前有國家以白銀為基礎，更早也有用銅等。十九世紀後，歐洲許多國家改採黃金為貨幣發行基礎，這就是金本位制。後來因為黃金產量稀少，並且被少數小國家壟斷，造成國際政治不穩，而且黃金在使用上也容易磨損，一九七一年全球放棄金本位制，改以美元作為儲備，黃金則成為「準貨幣」。

某種程度又影響了貨幣流通。假設老李今天規定從多賠〇．二條變成二條，也就是利息高達二〇〇%，相信北海漁村的漁夫們都不敢用貝殼交易了，而且很多漁夫會發生違約，整個市場又會退回以物易物的交易形式，經濟流通因而減緩。所以，利息的高低也變成影響貨幣供給和需求的重要因素之一，這也是貨幣經濟學嚴肅面對的問題。

3 關於中央銀行

阿丁的貝殼價值取決於阿丁的信用，但是一個國家的貨幣不可能取決於某個人身上，於是類似我國中央銀行的組織因此出現了（世界各國名稱都不一樣，像美國就稱作聯準會）。央行控管著貨幣供給的速度，以及各種金融制度，並且擁有印製貨幣的權力。央行利用升降息及實際進入市場操作，確保貨幣供需的穩定。另外，因為國際貿易的繁榮，就像阿丁、老李、阿珊之間一樣，存在著兌換比率的問題，也就是匯率，這部分也是各國央行關心的問題。因此，貨幣經濟學也在探討央行的行為及貨幣政策。什麼樣的狀況應該如何因應？什麼樣的利率有利於國家穩定？都是總體經濟發展的關鍵因素。

也許大家仍有疑問，故事中貝殼的基礎是漁獲，那麼現在的貨幣呢？二十世紀全

大師語錄　經濟衰退是正常的循環，但錯誤的貨幣政策卻會使衰退變成一九二九年的大災難。——米爾頓．傅利曼

球放棄金本位制之後，對絕大多數國家而言，傾向大量儲備美元，作為貨幣供給的基礎。不過美元又是以什麼為基礎呢？美國的商業資本和軍事實力，掌控全球多數的資源以及政治經濟影響力，這些就是美元最強有力的信用基礎。

應用型

法律經濟學（Law And Economics）

☼ 起源與定義

法律是社會生活的規範，不管它來自習俗、習慣還是共識，這些約定是人定出來的，一定會參雜道德觀念及立法者的私欲。另一方面，絕大多數法律會影響社會的運作，而社會運作又會再傳遞回來影響法律，循環不曾間斷，也沒有所謂的完美。經濟學研究的是人類的生活互動關係，而法律又會如此影響人類生活。亞當．斯密在《國富論》中特別談論了交易活動及稅務相關的法律，成為經濟學和法律學最初的交

經濟學小詞典

➲ **反托拉斯法：**反托拉斯法就是反壟斷法。每家企業都有野心獨大，或成為對價格和數量有影響力的企業。一旦壟斷怪獸出現，就會造成社會總體經濟福利下降，也會出現供給不足等情形，更嚴重會帶來政治問題，所以各國都有這條法律，在台灣稱作「公平交易法」。

集。

不過二十世紀以前，法律經濟學還稱不上是一門獨立學科，多半停留在制度經濟學的內容，延續亞當．斯密的看法，探討法律對於資源配置的效率和公平性。一八九〇年美國頒布「反托拉斯法」（anti-trust law）後，法律經濟學才進入一個新的領域。許多制度經濟學家開始研究企業、法律、經濟三者之間的互動，用實證的方式去修正法律，不過當時把反托拉斯法的研究與法律經濟學劃上等號。到了六〇年代，關於產權的著作如雨後春筍般誕生，最重要的一本就是經濟學家寇斯的《社會成本問題》（*The Problem of Social Cost*）。寇斯認為：「經濟體制是由價格機制來協調，因為社會是一個有機體而不是一個組織，廠商之核心在於資源之調配與使用，取決於一個上下指揮監督之關係。」這本書奠定了用經濟學分析法律的基礎，現代的法律經濟學便從這裡開始。

一九七〇年之後，法律經濟學成為非常熱門的學科，其中美國聯邦法院大法官波斯納（Richard A. Posner）是很重要的推手。他提出法律的效率原則、成本原則及侵權行為的研究，是法律經濟學發展的關鍵。波斯納有句名言：「對於公平正義的追求，不能無視於其代價！」一語道破了法律和經濟學的緊密關係。此外，不能不提芝

大師語錄　對於公平正義的追求，不能無視於其代價！
——理查．波斯納

加哥學派在這時期的重要性。除了寇斯之外，還有史迪格里茲（Joseph Stiglitz）研究的訊息經濟學，給予法律經濟學相當豐富的分析理論。其他像是布坎南的公共選擇理論、納許的賽局理論，都支撐著法律經濟學的發展。

經過這些演變，現代的法律經濟學有了較明確的定義和主要目標；簡單地說，就是利用經濟學的方式重新理解法律制度的成因，並評價其合理性。同時，不再只限於商業法律問題，無論民法、刑法、訴訟法等，都因為經濟學的運用而有了新觀念。

※法律經濟學探討的內容

一部好的法律，需要很深的倫理學基礎以及很強的邏輯推斷，而經濟學往往是最好的邏輯分析工具。例如談到稅法，「拉菲爾曲線」說明了當稅率愈高，所收到的稅不見得愈多。換句話說，這樣的分析提醒了政府，想要增加稅收時，立法加稅不見得是最有效率的方式，還得考慮這條加稅法案造成的社會成本和轉嫁問題如何影響總體經濟，這就是法律經濟學的思考方式。

不過，法律規範的領域太廣了，上至天文下至地理；法律經濟學則沒有包山包海，反而主要著墨在**產權**、**契約**、**侵權行為**、**犯罪**、**商業**、**稅務**、**訴訟程序**、**公衛相**

關等領域。在此以契約和犯罪為例，簡單介紹經濟學如何剖析法律這門學問。

契約，顧名思義是經雙方合意而簽署，可是契約幾乎都「落落長」，像是下載軟體的使用合約，誰有耐心看完呢？或者是說，就算看完，真的能懂嗎？無論是契約文字本來就難懂，還是在刻意隱藏產品缺點，市場永遠充斥著資訊不對稱的問題。例如買房子，幾乎沒有人喜歡買到凶宅，可是賣屋的人怎樣都不肯老實講，這一來一往的交易差距可能就是幾百萬元，如果不改善，最後中古屋市場可能沒人敢買單。為了減少因屋主不誠實導致市場交易效率下降，訂有規則和罰則的定型化契約就誕生了。

進一步來說，立契約法時需要考慮一個問題，倘若這項罰則比例不對稱，賣屋者所受到的罰款遠遠小於他的利潤，那麼賣屋者還是會選擇不揭露凶宅的資訊，結果跟沒有立法是一樣的。像這類的計算推敲，不可能只靠直覺，這時經濟學的分析就派上用場。

這種因資訊不對稱而造成的市場失靈，常在商業相關法律中被探討，特別是股票內線交易。其他像是訴訟程序的討論也相當有趣，例如打官司常給一般人錯誤的印象，就是「有錢判生，沒錢判死」。這是因為每個人背後的經濟程度不同，導致對於法律教育的認識有落差，進而增加許多社會無形成本，例如怕被報復而不敢檢舉、怕

重點Snapshot 法律經濟學利用經濟學方式分析產權、契約、侵權行為、犯罪、稅務、訴訟程序等法律設置問題。

當證人等。所以民刑事的訴訟過程，規則相當繁複，就是要盡量避免裁判過程的不效率和不公平。

犯罪的問題也相當值得玩味。在法律經濟學中，刑法的懲罰通常被當成是一種犯罪的成本。假設無論偷竊多少東西，一律都要砍斷雙手，這個代價對漢堡神偷來說可能很大，因為他只偷漢堡卻要被砍手，此時漢堡神偷可能選擇收山，法律成功嚇阻了犯罪。但並非法律嚴格就一定產生嚇阻，如果破案率低或訴訟成本過高，都會導致犯罪者不在乎犯罪成本。舉個簡單的例子，現在3C產品隨時都可以上網，開車時邊開邊用的情形相當普遍，於是政府決定要開罰，但要罰多少呢？利用經濟學的思考，我們可以從兩件事情來考量，第一是：開車上網的效益有多大？罰款至少要超出這個效益。第二是：執行檢舉的效率有多高？如果完全沒效率，則罰條一點意義都沒有。所以實務上看來，明明有嚴格的法律存在，犯罪者依然不少，因為人總是會追求「僥倖」，就像賭博一樣。

此外，刑罰也必須考慮**比例原則**，這也是一種成本問題。如果所有偷竊者都必須判處死刑，強盜殺人者一定無期徒刑，也就是說強盜殺人的代價遠比偷竊低，如此一來，可能會逼著犯罪者每次犯案時，乾脆一不做二不休，讓自己犯下強盜殺人罪。這種不符比例的刑罰，將導致社會成本付出更多。所以，怎樣的刑罰嚇阻，才能有效減少刑事案件所帶來的社會成本，更重要的是要如何符合正義和效率。

圍繞著「成本」思考，是法律經濟學的最大特點。其他像是產權和侵權行為，多半也會運用「成本」方式來考量。特別要提的是**智慧財產權**，它是法律經濟學目前最熱門的學科。水能載舟亦能覆舟，智慧財產權雖然讓人有了發明創作的誘因和動機，但往往因為法條的不適當，帶來近似壟斷的商業問題，甚至引起相當多不必要的訴訟成本，使得生產效率減少，帶給現代科技、商業相當大的影響。

很多時候我們思考的正義公平，都只限於我們理解的範圍。法律經濟分析能夠打開不一樣的視野，以更高的高度來理解法律世界。

應用型

農業經濟學（Agricultural Economics）

☼起源與定義

重點Snapshot 農業是經濟學最早的學科分支，因為農業是人類最原始的生產力來源。

現代經濟學所說的農業，其實是指所有農產品，所以還包括畜牧、漁獵、林業等，並且和生態、天然資源、環境經濟學放在一起討論。無論在東西方，農業議題很早就受到關注，更與國家安定劃上等號。農業也是最古老的經濟學分科，因為農業是人類早期生活最重要的依靠；不僅如此，土地也可以說是一切資源發展之母。

顧名思議，農業經濟學就是探討**農作交易**、**生產效率**、與**農業金融**等議題。簡單來說，這是一門因應農場管理的學問。比較完整且可靠的第一本農業經營著作，可以追溯至十二世紀的《辛勒克萊農場的經營》（*Hinderclay Farm Management*）。在中國，農業相關知識也不遑多讓，《論語》、《孟子》等書都有以農立國的管理想法。更早像是周朝的井田制度，都屬於農業經濟學的討論範疇。

到了十八世紀末，重農主義興起，開始針對農業土地生產和市場交易發表相當多的學術思想。約莫同時，英國的愛丁堡大學也成立全世界第一所農業經濟學科系，畢竟當時的古典經濟學思想總是脫離不了農業相關問題，特別是土地，像馬克思在《資

經濟學小詞典

➲ **糧食自給率**：指每年國內所生產的初級未加工食物數量，與全國消耗初級未加工食物數量的比率。如果自給率偏低，表示我們的生存命脈掌握在外國手裡，遇到戰亂會出現有錢也買不到東西吃的窘境。所以無論農業經濟學、政治學或軍事，都必須考慮這個問題。

本論》中提出了許多土地利用的理論，也稱得上是農業經濟學的思想權威。後來受到新古典經濟學的影響，十九世紀末農業經濟學研究如雨後春筍般在歐洲各大學展開，此時農業經濟學從生產的角度轉而開始研究**價格**、**關稅**等經濟問題。一八九九年俄亥俄州大學成立了美國第一所農業經濟學研究所，開啟美國農業資本化的發展，影響全世界甚鉅。

雖然耕作技術的進步，使得糧食問題從供給不足轉變成分配不均，但是兩次世界大戰的爆發，所謂的**糧食自給率**再度成為每個國家面臨到的國安問題。除此之外，由於世界各國農業多半屬於弱勢保護產業，農產品貿易問題更是國際政治紛爭的一大焦點。近年來由於發展中國家經濟實力和人口快速上升，農產品價格直線飆升，這些林林總總，使得農業經濟學再度掀起一波浪潮。

☼農業經濟學探討的內容

相較於其他產業經濟學，農業經濟顯得相當特殊。農業非常仰賴自然環境的配合，像在台灣，許多農村的廟裡都會刻上「風調雨順」等祈福字樣。就連農業生產技術和貿易最有優勢的美國，都難逃氣候異常之苦，可見氣候的影響相當大。其他自然

重點Snapshot 農業供給量、生產要素受到諸多天然限制，且要顧及糧食自給率問題。

環境，像是土地規模、土壤、水質、生產週期等，這些生產要素不容易被取代，不像一般製造業總有替代原料，所以農業資源是相當特殊且珍貴的資源。在自由貿易下，農業有特殊的背景必須被考量。以下我們分別介紹幾個農業經濟學的重要探討內容，就更能發現它的獨特。

1 農業供需與價格

一般來說，絕大部分產品的製造會考量成本。智慧型手機多半沒有在台生產製作，但是台灣能不能完全自己製造並自給自足？可以，但不會有人這麼做，因為成本太貴。農產品不是只考量成本就好，例如小麥可以磨成麵粉，但台灣能不能完全自己生產並自給自足？不可能。就算有最好的栽培技術，土壤和氣候都會限制住小麥的產量和品質，更何況還要考慮排擠稻米耕作的問題。

所以在全球貿易相當發達的今日，文化的交流帶來飲食的改變，沒有一個國家可以完全不進口糧食。於是農產品的價格若放任不管，必定會受到重要生產國家的扭曲，最後導致國內許多行業的物價不穩，像是餐廳、紡織、食品等，進而影響民生消費及總體經濟。可以試想一個例子：台灣栽種稻米的成本比起東南亞地區相對昂貴，如果台灣所有稻田休耕，稻米採完全進口，除非台灣稻米飲食習慣改變，否則稻米會跟石油一樣，很快就會有浮動魯肉飯價格的現象發生，到時候吃牛排可能還比吃白飯便宜，「何不食肉糜」也許變成了真理。換句話說，民以食為天，所以大多數的農產品，政府很難插手不管，於是農產品的價格和供需，跟政府制定的**收購**、**補貼出口**、**休耕政策**等息息相關。

像我國的農委會，每年都會調查各樣農產品產量，配合市場需求量的統計，訂出一連串的農業計劃，例如庫存收購可於日後調節供給不足，休耕補貼避免供給過多造成穀賤傷農，但是這些政策不可能不影響價格。也因為農產品是原物料的一種，價格更會影響通貨膨脹。如何在國家農業安全及經濟自由之中做出取捨，是農業經濟學一大難題。

2 農業金融及土地政策問題

二十世紀以前的農業一直是勞力密集的工作，但土地不見得是由這些耕作者所取得。這會衍生一個問題，類似過去中世紀歐洲的莊園制度，使得生產失去效率，並產生供給不足的現象。這種現象很普遍，台灣就曾實施過一連串的土地改革政策，例如

重點Snapshot 農業經濟學主要探討農業生產相關的成本、管理及經濟影響。

三七五減租、耕者有其田，希望透過土地重分配，讓土地資源不被壟斷，如此一來才能改善糧食供給狀況。除此之外，土地政策另一方面也要規劃農業生產的比重。如果稻米價格高，很多農夫可能就會搶種稻米，導致其他農產品供需失衡。所以哪些地方必須輔導轉種，哪些地方可以產生農業產業鍊發揮經濟效益，甚至應當維持多少國家農糧安全，都是土地政策要去探討的。

不過，很多政策的推動除了政府會出資金，其餘也需要由農夫們自己來出資，但問題是大多數農夫本身根本沒有儲蓄，於是像土地銀行及農漁信用合作社等，就在這樣的背景之下誕生。在歐美，農業金融發展很早，除了農民銀行等機制，全世界最早的期貨和選擇權交易，早從二十世紀初的小麥和玉米交易就已開始，協助農業在資金的使用槓桿上有更多的策略空間，像是避險或獲得資金。畢竟在各種技術發達之後，對於農地生產效率的提升，必須要有資本的挹注，才能有效將技術發揮出來。受到政府保護的農業，在市場價格扭曲下，農夫幾乎是資本累積的弱勢族群，若沒有可靠的金融政策，定會影

經濟學小詞典

➲ **農產品期貨、選擇權**：世界各地的農產品供給和需求者，可以利用期貨和選擇權迴避可能損失。例如預測明年玉米產量會減少三分之一，市場價格將會大漲，此時玉米期貨價格會飆漲，農夫可以先在期貨市場賣出，也就是約定未來以這個價格將玉米交給買者。如果到時預測錯誤，玉米產量根本不減反增，此時農夫至少賺進了價差，擺脫預測錯誤的風險。

響生產效率，最後影響到農產品價格和貿易問題等。所以政府介入農業金融有其必要性，其最重要的功能就是在彌補資金市場的失靈。

3 農場管理問題

農場的營運複雜程度並不輸大型企業。農產品的生產除了要靠「天」吃飯，其投資報酬率低、供需彈性小價格易波動、規模經濟不易、研發改良期長，甚至最重要的耕作土壤都有壽命。這些基本障礙如何克服，以讓農場經營下去，就是農場管理的大哉問。

然而，這些天然障礙其實都指向一個重要的核心問題，就是要如何克服**「風險」**。農場管理者必須從社會、政治、經濟、生態環境的變化當中，去了解風險的形式。例如飲食文化的改變，可能需要調整產量；土壤的液化，是否考慮休耕或其他化學方式來排除。更重要的就是經濟，運用**期貨和選擇權**的操作，減少因為「風險」而產生的損失。當然，最重要的是了解這些潛在成本之後，如何運用行銷方式獲得利潤，才是經營之道。

大多數國家的農業生產者，其實都很缺乏此類經營管理的概念，畢竟有些風險的

註解：衛生經濟學在國內的翻譯通常為健康經濟學或醫療經濟學，但就美國經濟學會所歸納的內容，並參照世界衛生組織（World Health Organization）的翻譯，筆者認為譯成衛生經濟學比較符合其內容。

承擔需要專業的知識，所以政府必須介入，提供長期的教育與配合。在台灣，輔導成立產銷班和機制，並配合大學的實驗經營合作來精緻化我們的農業，蝴蝶蘭、哈密瓜等農產才能享譽全世界，賺取外匯。

經濟學長期以來提倡自由放任的好處，但顯然農業非常需要被政府保護，畢竟農業是立國之根基，就算缺乏農業的國家，如新加坡、非洲等，還是要考量農業貿易和國家安全問題，因為糧食永遠是人類生存的根本。

應用型

衛生經濟學（Health Economics）

☼起源與定義

生、老、病、死這些過程，沒有一個人可以完全倖免，這意味著人類對於醫療的需要。不僅如此，這個過程也深深影響每個人在經濟活動中的產出，特別是古時候經濟活動多半屬於勞力密集型，體力的強健更是經濟產出的重大關鍵。不過，生老病死看似個人的事情，卻往往造成一發不可收拾的後果，就像中古歐洲的黑死病，讓當時各國陷入經濟黑暗期長達一百多年。衛生環境的重要性由此可見一斑。

其實上古時期無論東、西方，對於衛生的概念都來自於疾病傳播的可怕。像在古羅馬時期，針對傳染病的預防，就有許多關於水源管理的文獻。後來中世紀歐洲各國更設官直接管制用水，目的就是要確保經濟發展不受疾病影響。大航海時代曾有經濟學家提出投資於勞工醫療可以增加經濟收益的論述，雖然當時醫療技術不很完整，但配合許多教會醫院的運作，包括隔離、整潔環境等，十八世紀的歐洲已有許多關於衛生醫療管理的文獻出現。

到了二次世界大戰期間，歐洲醫療技術突飛猛進，為了重建戰後殘破的家園，聯合國於是成立世界衛生組織（World Health Organization），認為健康衛生的環境是人類的普世價值，因為疾病的傳染不會區分國籍。自此，各國政府投入在衛生產業的資金比重日益增加，對衛生產業所衍生的經濟問題逐漸浮出檯面。後來學界給衛生經濟學下了一個定義：「**對衛生健康的投資研究。**」於是，包括人口統計學、社會學、倫理學、醫學、保險等知識，開始運用在衛生經濟學當中。像是健康保險、免費施打預防針等政策，在經濟學的分析之下，我們就不難理解這些措施的效益。

重點Snapshot　衛生經濟學就是對衛生健康的投資研究。

✲衛生經濟學探討的內容

健康是人生最大的財富，每一個人對於健康都是有需求的。健康的來源主要來自醫療還有預防，不過，醫療是醫生提供的服務，就像打官司和律師之間的關係一樣，就經濟學的角度來說，服務的交易費用應該交由市場決定。但如果醫療照市場經濟決定的話，恐怕窮人連生個小病都九死一生。每個人面對健康問題時，都希望被公平地對待。當健康要用金錢衡量時，經濟運作很快就會被摧毀，因為不管窮人富人都會生病，都會傳染疾病，若有錢才能治療，沒錢只能被隔離等死，這樣的社會任誰都不敢想像。所以，健康的需求該怎麼被滿足呢？這背後的供需及效率問題，就是衛生經濟學的基本主題。我們大致可以分成三個方向來介紹。

1 衛生與經濟發展

大家可以先仔細想想，為什麼先進國家醫療和衛生都很進步，落後國家卻剛好相

經濟學小詞典

➲ **道德風險**：制度、合約、法律、諾言等，不可能規範到一舉一動如此仔細，所以當雙方產生約定之後，某一方可能私下改變行為，破壞對方原本的風險，這就是道德風險。例如投保失竊險之後，車主會下意識地降低失竊風險意識，因而亂停車或沒上鎖保護，導致失竊率上升，造成保險公司損失。

反？是因為資金雄厚才有進步的衛生環境，還是因為投入衛生環境的管理而促使經濟繁榮？這儼然像是個雞生蛋或蛋生雞的問題。不過，至少有一件事可以確定，那就是缺乏衛生的環境，一定不會有富強的經濟。所以投資衛生帶來的勞動素質提升、周邊效益以及相關產業發展，就是此主題要討論的內容。

舉例來說，台灣在SARS期間股票一度跌破四千點大關，而整年的GDP也因此掉了〇．五個百分點，觀光業更是慘澹一整年。SARS還會不會捲土重來，沒有人可以預期，但是如果願意投入資金研發治療方式，也許需要二、三億如此龐大規模，一旦成功就可以防止這些經濟慘狀。換句話說，許多疾病衛生問題妨礙了經濟的正常運作，這中間可以用統計去尋找相關性，也可以去計算相關成本，找出最適合的改善或預防方式。當然，很多細菌和病毒都會變種，而且基於生態平衡，這些病毒也不可能被人類滅種，所以衛生問題永遠都不可能被忽略。

2 健康保險的問題

天有不測風雲，人有旦夕禍福，保險就是在損失之後希望受到一定的補償，運用機率的計算決定保費、賠償金等。不過經濟學談論的保險，並不是探討如何去計算風

重點Snapshot 不衛生的環境會帶來品質不佳的勞動，最後影響國家經濟發展。

險的發生機率，而是人的行為。之前我們提過的逆選擇問題，以及「道德性風險」（moral hazard）都是重要的議題。所謂道德性風險，就是指在確定有所保障之後，人會潛意識地改變行為，導致其他人虧損。舉例來說，全民健康保險實行後，看病的費用大幅降低，導致不少人一天到晚去看病，造成健保虧損。

在沒有全民健保的情況下，每家醫院的醫療費用都會有所差異，而且普遍昂貴，就像在美國看牙醫是一種高昂的花費。所以每個人對於衛生醫療本身就存在保險的需求，不過當這些保險需求由一般私人企業提供時，因為存在著道德風險與逆選擇問題，私人保險公司出於利益考量，會各別拆開醫療項目，往往變成一次生病，卻得要有兩份保單，才能完全負擔醫療費用。這又會回到原來的問題，一般人買得起嗎？買得對嗎？最後回到經濟學來想，這樣的醫療有效率嗎？不過各國國情不同，確實有許多不同的考量。

因為商業醫療保險可能無法達到經濟效率，並且考量社會福利和安全問題，於是全民健康保險就被廣泛討論，像台灣、日本、英國等，皆實行已久，但一直有很大的進步空間。哪些範圍的保險適合由民間來辦，哪些又應該由政府插手？效率、效用等經濟問題，也是衛生經濟學要探討的。

3公共衛生的問題

公共衛生的討論目的，在於提供一個國家如何提供預防和衛生安全等管理。這其實跟國防很像，只是國防的敵人是別的國家，但公共衛生的敵人是影響健康的各種因素。所以在這場戰爭中，生物科技、醫事技術、觀念教育、硬體改善等，都涉及公共資源的投入成效問題。簡單來說，像台灣早期曾發生霍亂，當時政府除了向國外求助醫事援救，透過學校教育的體系和環境改善，甚至飲食習慣的勸導，才成功避免霍亂的延續。公共衛生像是全國的大動員，這些行為因而引起了經濟效益、道德、法律上的討論，例如藥物專利和公共衛生之間的衝突，甚至像複製人是否可以用在器官移植等問題。

不僅如此，世界衛生組織賦予公共衛生的期待，除了身體健康之外，還包括心理、精神、社會生活等健康，甚至兒童權益也是關心議題之一。台灣於二〇一三年將衛生署升格，將原本屬於內政部的社會局與兒童局納入，統稱為衛生福利部，可見公共衛生的趨勢，不僅開始擴大其概念，福利經濟學的運用也愈重要。

重點Snapshot　衛生與經濟發展、健康保險、公共衛生是衛生經濟學的主要探討內容。

應用型

勞動經濟學（Labor Economics）

✲ 起源與定義

勞動的議題自從人類有經濟活動交易以來，就一直不停地被探討。勞動就像醫療、農業一樣，不能完全被當作商品看待，畢竟人有追求自由快樂的權利。所以勞動經濟學是一門**人類勞動的行為科學**，探討勞動要素的經濟問題，以及相關的經濟政策。

亞當．斯密在《國富論》中，就已針對勞動提出了許多論述，包括勞工的流動、薪資以及生產力等。不過當時社會仍以農業為主，對於勞動的討論還不算成熟。到了十九世紀新古典經濟學時期，隨著工業化的進步，以及馬克思對於資本主義的批評，各國出現了勞動政策的概念，像是工作時間、最低薪資、勞工福利等，並與個體經濟學和福利經濟學相結合來探討，勞動經濟學的研究逐漸成型。二十世紀凱因斯學派重新詮釋失業與就業概念，提出勞動供給後彎曲線的論述，挑戰古典經濟學派的思維，也正式打開勞動經濟學研究的大門。

近二十年來，勞動經濟學也從個體經濟的分析角度，拓展到計量的分析。許多經濟學家開始利用統計的趨勢，分析各種不同產業的勞工問題，凱因斯學派的觀念因此受到很多挑戰。此外，芝加哥大學教授貝克提出**歧視經濟學**（economics of discrimination）的概念。歧視不是鄙視汙辱的意思，而是差別看待。舉例來說，甄嬛傳裡平平大家都是美女，但如果劉雪華來演甄嬛、孫儷演皇后、蔡少芬演華妃，這部戲恐怕會令人感到怪怪的。這種差別看待的概念會影響薪資、就業機會等，而且幾乎各行各業都有這個問題存在。「歧視」的概念更成為勞動經濟學新的顯學。

❊ 勞動經濟學探討的內容

每天翻開報紙，我們可以看到一堆跟勞工有關的新聞。時刻變化的新商業和工業技術，也都會產生新的勞動議題，討論不完也解決不完。或者殘酷地說，勞動跟政治一樣，都涉及人與人的互動，唯一客觀的方式多半仰賴經濟學的分析，然後進一步提供法律或管理政策。除此之外，勞動經濟學也與人口學、心理學、管理學等緊密結合，是一門相當龐大的學問，所以我們簡單地介紹幾個重要主題。

1 勞動供給和需求

重點Snapshot 勞動供需、薪資、失業等現象是傳統勞動經濟學的探討問題，近代還加入了歧視經濟學的概念。

一般人常會誤認勞動供給和需求的對象。在經濟學裡，勞動供給者是指供給勞力的人，所以是勞方；相反地，勞動需求者是需要勞力的人，所以是資方。

上節提到凱因斯提出勞動供給曲線後彎，這個概念相當重要。簡單來說，對所有人而言，勞動和休閒一定是替代品，因為一天只有二十四小時，排除工作時間，剩下的就是休閒時間，因此互相替代。勞動和休閒之間又是互補，畢竟休息是為了走更長遠的路，休閒也能適時提升工作效率。因此，當薪資愈高時，原本工作時間和薪資不見得會把休閒時間拿來賺取薪資，反而需要一定數量的休息，於是勞動供給曲線就產生了後彎現象。現代談到的許多勞工經濟學問題，多半都從這個觀念出發。

影響勞動需求的因素，往往肇因於外在的經濟環境，以及公司的人事制度。當就業市場存在著落差，也就是失業率太高或缺工率太高等，我們可以從改變勞動供給的方向去探討，例如從好的獎金政策、退休政策、勞動法規、職能選擇、素質教育等下手。當然也可以從勞動需求，例如就業補貼、減稅等來討論。這也就是這個主題的研

經濟學小詞典

➲ 後彎的勞動供給曲線：經濟學假設勞動時間和休閒時間相互替代，因為一天只有 二十四小時；但其實兩者也能互補，因為休息是為了走更長遠的路，休閒也能適時提升工作效率。因此當薪資愈高時，原本工作時間和薪資不見得會把休閒時間拿來賺取薪資，反而需要一定數量的休息，勞動供給曲線於是產生了後彎現象。

究精髓所在。

2勞動薪資與其他成本計算

在美國職棒大聯盟中，常有一些當年成績很好的球員，拿到優渥合約之後，便開始走下坡。我們也不難發現，合約到期那年，球員的成績往往都非常好。所以，怎麼去衡量一個勞工該有的薪資？運用補償金或其他激勵獎金的效率及效用為何？契約該怎麼運用？這些都是此一主題所要討論的。如果將這些知識運用在私人公司，就是人力資源管理；運用在政府部門，就是大家最常討論的最低薪資和勞保等議題。

這裡有個很有趣的問題，值得思考一下：我們去便利商店買東西，價錢都標好在包裝上頭，通常不會有人殺價。不只如此，大部分的買賣都由產品供給方開價，成交價格也對供給方有利。唯獨勞力市場，絕大多數的工作，都是由勞力需求方（資方）開價，價格對勞力供給者（勞工）不利，像極了當鋪的交易方式。為什麼有這樣的落差呢？當然要討論的原因很多，像資訊不對稱、歧視經濟學、勞動供給彈性等，當然各行各業徵才也有不同程度的薪資環境必須考量。大多數勞方在整個勞動市場確實相對薄弱。不過，仰賴政府介入只是一部分，勞動力若不團結，這些問題解決有限。

大師語錄 資方的經營心態才是勞動問題的根本來源，勞工如果不懂挺身而出爭取權益，再多的政策都是枉然。——馬克思

3 勞動失業問題

凱因斯認為：「失業才是常態。」他的論述毫無疑問，失業問題堪稱全世界政府最頭痛的經濟問題。俗話說得好：「飢寒起盜心。」如果失業率高，潛在的社會內政問題就會爆發，連帶使得經濟成長率下降，造成失業率更加上升，最後演變成惡性循環。失業救濟金有用嗎？資方又該如何共同負擔這個成本？失業問題不只是社會成本考量，有些失業來自於摩擦性失業（短期尚未找到工作），也有來自於結構性失業（因技術調整或景氣而裁員）等諸多因素，這些失業類型背後各有不同因素需要考量。勞基法因此就有資遣、救濟等相關保護勞工的規定。

失業問題的另外一面，就是工作媒合。在勞動力市場裡，總會有許多工作空缺，但一些失業人員卻無法填補。這中間存在著訊息不對稱或者薪資問題，而政府是否該介入，還是交由民間機制來湊合？二〇一〇年諾貝爾經濟學獎得主莫特森（Dale T. Mortensen）就因探討勞動經濟學中的就業與失業而獲獎。

這些勞動經濟學林林總總的討論，似乎對於實際勞工問題沒有辦法提出解決之道。坦白說，馬克思在《資本論》中闡述得相當扎實，資方的經營心態才是許多勞動問題的根本來源，所以勞工如果不懂挺身而出爭取權益，再多的政策都是枉然。

應用型

行為經濟學（Behavioral Economics）

起源與定義

還記得我們在週一〈導論〉時，提過「理性」這個經濟學的五大主題之一。行為經濟學就是專門討論經濟學「理性」的分科，它有很深的心理學含量，甚至包含生物學科。雖然目前行為經濟學並不存在美國經濟學會的主要分類裡，但是各經濟學科分支對行為其實都有專門的討論，尤其是金融和商業經濟學運用很深。

這一切起因於理性的有限性，人很難做到完全地經濟理性，某些情況下我們會有特殊的作為，像信仰、冒險、慈善、利他主義等，這些特殊行為很難用「理性」分析。例如小時候我們聽過司馬光為了救朋友而打破水缸，這就不是傳統經濟學容易描述的，畢竟傳統經濟學具有規範性的特點，是一門告訴人們應該怎麼做的學問，而行為經濟學則有描述性的特點，是一門描述人類事實上會怎樣做的學問。

行為經濟學是個新興學門，雖然從亞當．斯密開始，已有多位經濟學家談過人

重點Snapshot　人的理性有限，且所有行為未必出於自利。行為經濟學即是一門描述人類實際上會怎麼做的學問。

的理性是有限的，後來馬爾薩斯、馬歇爾、凱因斯等都有相同認知，強調心理因素對經濟決策行為的重要性，但這些早期的經濟學者關於心理因素的陳述，並未受到現代經濟學者的重視。直到**賽局理論及預期效用學說**大展鴻圖之後，接著卡尼曼（Daniel Kahneman）與史密斯（Vernon L. Smith）獲得二〇〇二年諾貝爾經濟學獎，有關行為經濟的理論才開始獲得大眾重視。

☼ 行為經濟學探討的內容

有人說行為經濟學是一門源自於賭博的學問，這句話挺能夠解釋一切。經濟學雖然假設人是理性的，但人在抉擇時，接受到的資訊很難完整，這也包括本身知識的限制，更不用說判斷的精確性。就像法官在斷案時，多少都會有自由心證的情形。有限的資訊造就有限的理性，於是做出的抉擇往往帶有風險，所以說人生就像一場賭局，一點也不為過！

行為經濟學要試著揭開人生的賭局，彌補經濟學假設的不足。其研究方法和心理學很像，有許多行為實驗的探討，但也試著寫出一個數學模型，相當有趣。我們從三

經濟學小詞典

➲ **期望值：**機率學裡的期望值是指某個機率現象，在數學概念中被期待出現的平均結果，以「期望值 ＝ 機率 × 結果的量」表示。例如一粒公平均勻的骰子，每擲一次，其期望值 = (1/6 * 1) + (1/6 * 2) + (1/6 * 3) + (1/6 * 4) + (1/6 * 5) + (1/6 * 6) = 3.5。也就是說，無論骰子丟幾次，應該會丟出3.5這個平均值。

個最基本的理論來介紹這門學科，也從其中的例子了解其探討的內容。

1預期效用理論

了解行為經濟學的第一步，就是**預期**。因為人生充滿不確定，人的大多數行為都會根據一個「期望」來做判斷。所以，預期效用其實就是機率學裡所講的**期望值**。理性的人多半會根據期望值做出抉擇，例如丟一枚正反均勻的硬幣，正面可以得到十元，反面要賠十五元，掐指一算，這個賭局很不划算，照理說不會有人想玩，因為賠錢的期望值遠高於贏錢。這就是預期效用的探討，說明人類本身存在的理性行為。

預期效用理論和傳統經濟學較為接近，不過卻是行為經濟學的源頭，因為期望值雖然客觀，並不是每件事都有機率可以參考，也不是每個人都資訊充足、學識豐富到可以獲得正確機率。所以從預期效用理論中，我們可以得到許多有趣的素材，去探討「實際」行為，這也就是行為經濟學的重點。

2展望理論

展望理論又稱**前景理論**，它和預期效用理論是互補的，也就是說，在不同的風險「預期」條件下，人們的行為是可以預測的。所以行為經濟學從中分析出三種人類的

重點Snapshot 行為經濟學三個基本理論：預期效用理論、展望理論、心理帳戶理論。

風險行為：**風險趨避者**、**風險愛好者**，和**風險中立者**。

舉例來說，樂透彩中獎機率和贏錢的期望值其實都很低，按照傳統經濟學對於人類理性的假設，無法解釋為什麼會有人要買樂透。但是行為經濟學告訴我們，這個社會普遍存在風險愛好者，甚至每個人多少都有這樣的潛質。再深入一點解釋，一注五十元對一般人的金錢效用損失其實非常少，卻可以確認每個買的人都有機會當上幸運兒，因此總彩金愈高時，期望值愈高，買氣也就愈旺。

還有一個有趣的例子，大樂透頭獎機率是 **1 / 13983816**，連續擲出均勻錢幣同一面二百二十四次的機率是 **1 / 16777216**，兩者機率相當接近。假設獎金一樣，參與的價錢都是五十元，你願意參加哪一種賭博呢？相信絕大多數還是會選擇樂透，因為當一枚錢幣連續擲一百次都是正面時，你已經開始懷疑這枚硬幣是不是造假的了。當然，每個人都有不同想法，這些想法如何依靠實驗或統計方式找到規律或行為線索，卡尼曼為此提出展望理論三個重要且實用的基本原理：

a 面臨獲利時為風險趨避者

假設今天有場賭局，選A則一〇〇%可以獲得一萬元；選B則八〇%可以獲得一萬三千元，但二〇%一無所有。以期望值來說，選項B較高，照理來說「理性的人」

應該要選B，但實驗結果發現選A的人較多。為什麼呢？因為A是確定獲利，B雖然獲利機率很高，但得到的錢和一萬元比較起來，其效益對大多數人來說不是很大，而且有二〇％機率一無所有，這時多數人面對獲利會變成風險規避者。不過，當B選項獲利提高到一千萬或一百萬，相信結果就不一樣了。

b 面臨損失時為風險愛好者

跟上面的例子剛好相反，假設今天有場賭局，選A則一〇〇％賠一萬元，選B則八〇％賠一萬三千元，但二〇％可以不用賠錢。以期望值來說，選A賠得比較少，但實驗結果發現一般人往往選B。面對虧損，人總是習慣地去賭一個機率，哪怕是一％都要賭，這也就是為何股票市場中很多人不肯認賠，反而一直硬撐下去的原因。

c 面對損失比面對獲利更為敏感

進一步來說，其實大多數人並不討厭風險，因為風險是必然存在的，就好比吃燒餅很難不掉芝麻。比起風險，我們討厭的其實是損失。因為討厭損失，我們會迷信一些「偏方」；因為討厭損失，我們願意去冒險；因為討厭損失，我們容易貪婪不滿，例如原本可以賺一萬，結果只賺五千，遺憾的感覺通常會大於賺錢的喜悅。

大師語錄 風險來自於你不知道自己在做什麼。——華倫·巴菲特（Warren Buffett）

展望理論說明了許多傳統經濟學無法說明的現象，也是解釋傳統經濟學中「非常態」現象經常使用的概念。

3心理帳戶理論

你會把錢貼標籤嗎？在傳統經濟學中，你從賭場賺到一百元，跟從公司上班賺到一百元，成就感不一樣，但錢的效用都一樣。可是行為經濟學告訴我們，這是錯的，其效用未必一樣。賭場贏來的錢是意外之財，很多人在打牌贏錢之後會給人吃紅，但應該沒有人每月領了薪水之後就到處給朋友吃紅。所以，我們不知不覺地給每一筆錢貼上標籤，每一筆錢也被我們賦予不同的價值。就像剛剛分紅的例子，意外之財分紅通常不會讓人感到心痛，但拿薪水來分紅就不是這樣了，而這就是心理帳戶。

還有一個常見的實驗：狀況一，你買好了某場大聯盟球賽的票，價值五百元，結果到現場時發現票不見了，好險現場還有販售，但你願意再買一張嗎？狀況二，你來到球場買票，準備欣賞一場盛大賽事，結果在路上掉了五百元，如果手中現金還夠，

經濟學小詞典

➲ **神經元經濟學**（Neuroeconomics）：神經元經濟學是行為經濟學的分支，也是新興的經濟學科，利用現代生物醫療等科技，研究大腦接受訊息之後的思考判斷模式，即神經反應狀況。它屬於實驗科學的一種，試圖連結生物學和經濟學，重新架構人類的理性。

你仍願意買門票看比賽嗎？其實兩個狀況都要花一千元看一場球賽，但實驗結果卻有分歧的答案。在狀況一中，願意再買一張票的比例較低，而狀況二花錢買票的機率很高。這就是因為同樣都是損失五百元，但它們放在我們不同的心理帳戶所致。

心理帳戶對於投資學相當重要，美國經濟學家泰勒（Richard Thaler）根據心理帳戶的實驗，提出一個關於投資學的學說。他認為大多數人會將自己的所得分成三部分，即**目前的薪資所得**、**資產所得**和**未來所得**。每個人對於這三種所得的態度也不一樣，例如對於未來所得總是不太願意立即使用，但對於薪資所得，則有隨時使用的準備。這個學說影響投資學甚巨，因為它解釋了投資市場許多矛盾難解的心態，例如對一支股票同時放空與買進的原因。若加入時間因素，心理帳戶理論也能提供期貨市場的分析，因此被認為是投資心理學的重要根據。

心理帳戶可以協助我們對於未來資產配置的理解。簡單來說，「人不理財，財不理你」，不管是要把雞蛋放進同一籃子，還是分散風險，如果不清楚自己心理帳戶的管理，恐怕有再多錢也不夠賠在投資市場。

行為經濟學還有相當豐富的題材和理論，近五年又切割出「**神經元經濟學**」這科分支，是一門不像經濟學的經濟學，但也無法反駁它對於討論人類理性問題的重要性。

大師語錄 人們不介意犯錯，但這並不意味人們知錯能改，只是人們覺得自己以後一定能避開這個錯誤。——丹尼爾．卡尼曼（Daniel Kahneman）。

3分鐘重點回顧

❶ 計量經濟學結合數學、統計與經濟分析。

❷ 制度經濟學分析經濟問題的質，而非傳統經濟學重視的量的均衡。

❸ 權力轉移論、生產者主權、二元體系社會是理解制度經濟學的三個方向。

❹ 福利經濟學是一種效用分析的討論，有兩種目的：（一）以實證經濟學的方式，判斷政府政策的好壞及合理性；（二）討論政府干預下，社會各種經濟活動所帶來的福利變化。

❺ 社會負面外部性的累積會傷害經濟運作，庇古致力研究這些問題，以稅收方式討論矯正負面外部性的方法。空汙稅、能源稅等都是庇古稅的一種。

❻ 公共經濟學的四大重心在於討論稅務與債務、公共財的設置、政府預算支出政策，以及各級政府行政行為。

❼ 貨幣經濟學討論貨幣供給與經濟成長、利息高低，以及中央銀行的管控操作。

❽ 農業經濟學探討農作交易、生產效率與農業金融等議題，是一門因應農場管理而生的學問。

❾ 衛生經濟學探討衛生與經濟發展、健康保險與公共衛生問題。

❿ 勞動經濟學討論勞動供需、薪資成本以及失業問題。

⓫ 行為經濟學的三個基本理論分別是預期效用理論、展望理論和心理帳戶理論。

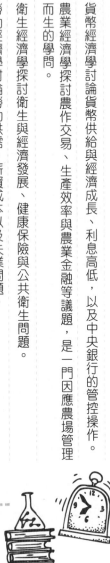

Day 05 Friday

星期五

用經濟學看世界

- Q & A -

當我們習以為常地依照自己的價值觀判斷一件事情時，其實也正不知不覺地踏入經濟學的思考。生活中，我們的語言可以模糊朦朧，但實際理性行動卻處處受到限制，而經濟學就像一把尺，用來衡量這些思維和行動的合理程度。在認識了一些偉大思想之後，這裡將介紹二十個生活裡常遇見的經濟問題。

哪些經濟學議題與現代人生活息息相關？——用經濟學看世界

總體經濟

GDP的迷思

提到經濟學，幾乎所有人的第一印象就是和國內生產毛額（Gross Domestic Product）連結，各大媒體幾乎沒有一家不談論GDP。但GDP真的萬能嗎？

所謂的「年度GDP」，是指**「當年度國內實際買賣交易之毛利的總合」**。簡單來說，一杯珍珠奶茶的成本十元，如果我用三十元的價格賣出去，GDP就增加了二十元。然而，市場中充斥著各樣的交易，這些產品或服務所產生的毛利，最後又變成了員工薪資，所以總體經濟學認為：「**國民所得＝GDP**」。於是我們最關心的平均國民所得，也就得以計算出來。獲得薪資之後，我們又再一次投入市場交易購買，所以毛利會不斷累積和循環，經濟活動因此而有所變動，產生了景氣循環。而對於景氣循環的高低，我們通常會用**年與年之間的GDP增減變化率**，也就是「**經濟成長率**」作為依歸。

除了上述這些簡單的定義之外，GDP還具有下列三個特點：

1 GDP是動態的，所以當交易速度增加，即便只是左手換右手，都可以為GDP帶來貢獻。

2 GDP必受物價影響，當產品價格上漲，GDP也會上升；當匯率變動，GDP也會變動。如果考慮物價購買力因素，我們就稱為**實質GDP**（real GDP）；反之，則稱為**名目GDP**（nominal GDP）。

3 GDP忽略許多經濟活動，像是網路交易、地下經濟、家事等，也忽略了社會成本、環境成本等活動。

重點Snapshot GDP就是指國內實際買賣交易之毛利的總合。

雖然GDP具有統計數據準確、重覆計算少等優點，也能客觀呈現一國的經濟情況，不過各個國家的統計能力和方式不同，也會影響數據，像中國就常被點名隱匿真實數字。但回頭來考量上述三個特點，GDP通常只表示交易活動快速活絡、購買力強等，並不代表我們的經濟和生活品質很好。另一方面，政府要拉升GDP其實相當容易，從匯率、作帳、貨幣政策下手，多少都有效果。因此，一般人對於GDP一直存在許多盲點，認為高就代表好。其實GDP成長高，也常造成無感，例如每年都有一〇％的成長率，卻生活在暴力、槍枝、髒亂的環境中，這種社會一定令人害怕。

總體經濟

追求一個沒有失業的國家？

人們工作，無非就是希望得到一份薪水，可以養家活口；當然，也包含了我們生

經濟學小詞典

➲ **GDP 的算法**：文章中對於GDP的算法，其實只是眾多算法中較為普遍的一種。另外還有「支出法」，也就是凱因斯的GDP模型，總產出 = 消費 + 投資 + 政府支出 +（出口 − 進口）；還有其他計算方式，就不再贅述。

活在這社會的尊嚴。在這樣的文化氛圍下，可以理解失業率這個數據大家都希望愈低愈好。但人人有工作的境界，應該只存在於理想世界。

各國失業率的算法皆有些出入，以台灣為例，我們的主計總處將失業率分成**廣義與狹義**兩種。一般我們看到的數據是狹義失業率，算法很簡單：

$$失業率 = \frac{失業人口}{勞動力}$$

另外，根據主計總處的定義，所謂「勞動力」是指十五歲以上可工作的人口，包括就業者與失業者，但排除因就學、料理家務、高齡、身心障礙，或是想工作而未找工作的人。其中「想工作而未找工作的人口」，通常也被稱為「**隱藏性失業者**」。除此之外的，就是所謂的失業人口。

我們不難發現，一般公司中並非每個人都會待上一輩子，每天一定都有人從就業變成待業，所以會產生失業人口。另一方面，並非每家公司都經營得很好，每天也或多或少有人因公司經營因素而失去工作。再者，金融產品的發達，讓有些人不用上班，光靠操盤就可以有不錯收入，這些人也被歸類為失業人口。還有林林總總的失業狀況，都會被主計總處列入失業。因此，每個社會都存在一定的失業比率，而這個比

重點Snapshot 失業率＝失業人口／勞動力，其中勞動力是指十五歲以上可工作的人口，但排除就學等人口。

率就是「**自然失業率**」。要提出一個政策達成零失業，幾乎是不可能的任務。

既然存在自然失業率，壓低失業率使其等於自然失業率，就可以說是充分就業的社會。不過失業的因素百百種，很難有顆萬靈丹可以一次將所有問題通殺，因此不管整體大環境是好是壞，政府都該持續針對各種不同失業狀況，給予不同的政策協助，包括職業訓練、就業媒合、健全法規、政府擴大投資等。更重要的是產業發展的正確規劃，以及勞動法規的嚴格執行。一旦發生失業率快速上升，政府應將力量放在總體經濟的復甦上。若只追求短期失業率數字好看，政策介入勞動市場價格平衡，後果往往會不堪設想。

經濟學小詞典

➲ **自然失業率**：自然失業率：失業有時出於私人因素（摩擦性），有時出於公司產業調整（結構性），這些都不是景氣滑落所引起，我們統稱為「自然失業」。所以自然失業率＝摩擦性失業率＋結構性失業率。

每天翻開報紙，不難發現有個奇怪現象，一下寫到通貨膨脹來臨，幾天後又擔心通貨緊縮，接著又三不五時宣稱要力抗通膨。聽起來「通膨」像個大惡魔，可是有時又好像非要它不可。雜亂紛紜的資訊，讓大家對通膨產生很大的誤解。

讓我們先回想一下介紹貨幣經濟學時，捕魚阿丁和砍柴老李之間的通貨膨脹故事。將這段故事換成經濟學的文字，通貨膨脹簡單來說，就是「**物價在某段時間內持續上升**」的一種現象。面對通貨膨脹，我們必須認真思考，到底是什麼原因造成物價上升？這個現象是否會持續下去？

物價上升的原因，大致可以簡單分為兩種：第一，也是最直覺的，就是廠商的成本增加，包括原物料、人事薪資、稅、設備更新等。但並非成本增加物價就一定會調升，還要思考產品的供給和需求彈性，或是品牌差異化等因素。如果在某段時間內，因為成本因素導致大多數產品的物價持續性上漲，這一類的通膨，我們就叫作**成本推動型的通貨膨脹**，最常見的就是油電雙漲導致的物價上揚。第二種因素來自於需求的推動。簡單來說，當一個貨品供不應求時，就會反應在物價身上，使其上漲。這一類的通膨叫作**需求推動型的通貨膨脹**。當一個國家的GDP持續成長，也就是國民所得持續增加，便會帶動需求的上升，進而導致通膨，二〇〇〇年後的中國就是一個最好

重點Snapshot 通貨膨脹指物價在某段時間內持續上升的現象。

的例子。

貨幣經濟學派認為，這兩個通膨因素背後有一個共通現象，它們都是因貨幣供給增加所致。就像上段故事中的漁夫阿丁撿了一大堆貝殼，原本兩個貝殼換一斤柴，後來變成五個貝殼換一斤柴。當貨幣供給變多，物價相對被推升。因此，這兩個因素之間也會互相循環影響，有時不一定能準確說出誰才是主因。

從這兩點原因來看，通膨並不是壞事。例如需求推動型的通膨發生，表示這個國家經濟成長相當快速。至於是不是過熱了，一般常用**消費者物價指數**（Consumer Price Index）**年增率**來衡量適當的通貨膨脹率。每年平均二至三％屬於溫和，這類的現象便是美事一樁。像民國九十年時，一罐養樂多大概要價五元，現在養樂多一罐則至少八元。如果九十年我們一個月的薪水可以買一千瓶養樂多，現在的薪水只足夠買九百瓶，這也就是說，即便薪水數字上升，我們的**實質購買力**卻下降，這就是令人最討厭也最困惱的**停滯性通膨**。

經濟學小詞典

➲ **物價指數**：根據行政院發布內容，目前國內編製的物價指數，主要有消費者物價指數、躉售物價指數、進口物價指數、出口物價指數、營造工程物價指數等五種，各自有其檢測的目的。

另外，物價有**向下僵固性**。也就是說，我們長期一定會面臨物價上升。會有這樣的現象其實很簡單理解，整個金融市場是有利息的，有利息則貨幣供給就會增加，有增加則物價就會上升，只是上升速度快慢問題而已，所以王子麵和養樂多的價錢只會愈來愈高，不會降低。這也就是為什麼中央銀行時常利用貨幣政策守住物價波動，進而控制整個總體經濟問題。

在經濟政策上，每個政府都在追求溫和的通貨膨脹，而試圖避免停滯性通膨及**通貨緊縮**（需求衰退，造成CPI年增率大幅降低）。總之，好的通膨帶領我們上天堂，壞的通膨不只帶我們住套房，還有可能下地獄，像二〇〇九年非洲的辛巴威一樣，兩兆元辛巴威幣才能換一條麵包。

總體經濟

房地產泡沫危機從何而來？

這幾年台灣最熱的話題就是房地產。地價高漲總是幾家歡樂幾家愁，而且像台北市東區這種熱門地點，地價總是居高不下，而且還連年上漲。建商也時常透過各種廣

重點Snapshot 溫和的通膨是最好的，對經濟幫助最大；停滯性通膨要避免，長期陷入此狀況會造成國家動盪。

告來拓展投資需求，把整個房地產市場炒得熱熱鬧鬧，當然也有看空的人呼籲投資者要小心泡沫。不過，我們在買賣東西時，絕對不曾聽說雞排價格泡沫，也不可能聽到LV包包價格即將泡沫。由此可見，「泡沫」這兩個字一定是針對特定的商品或交易，不會涵蓋所有商品。

泡沫這個詞，顧名思義就是「**消失**」的概念。在經濟學中，泡沫其實是會計的計算問題和心理價值問題。記得職棒四年時棒球相當火紅，當時聯盟還曾推出球員卡，一包五十元。筆者曾經抽中一張坎沙諾MVP雷射限量版球員卡，市場上一度有人成交到三百元，不過因為筆者是味全龍迷，所以當時並沒有交易出去。沒想到十年後，偶然在網路上看到拍賣網站裡有人在兜售這張卡片，直接購買價寫著三十元，也就只好留著這張卡當作紀念，直到現在。

回到主題來看，在這段時間內，筆者真的損失了兩百七十元嗎？沒有！那誰拿走了筆者的兩百七十元呢？也沒有！但在會計上，當時三百元的市價會被列入筆者的總身價，但是當價錢確定剩下三十元之後，身價也會跟著大縮水，就像股票跌停板時，報紙總會寫說某某老板口袋蒸發幾十億一樣，實際上未必有任何損失。但不管如何，大幅跌價往往短期難以回到原來水準，加上人性因為貪婪，心裡多少還是會有懊悔，而這就是「泡沫」！泡沫一旦發生，一定會有人因此受傷，就像當初花三百元買坎沙諾的朋友，想必現在應該很難過。

從坎沙諾這張球員卡的故事中，不難理解泡沫大多發生在具有**稀少、特殊、較無折舊問題**的資產，例如像是藝術品、貴重裝飾品、球員卡等，當有人想要變賣這些資產，卻無人有意願成交時，泡沫化就產生了。如果是因為供給增加而導致價格下滑，就不能說是泡沫，而是人為的破壞。

所以回過頭來看房地產泡沫，我們要先思考兩個基本問題。首先，這些房地產為什麼要賣出？是有人急需現金、需要換房、想借錢來炒作，還是被利息拖累到不賣不行？其次，為什麼買氣會縮手？是景氣不好、房價太高，還是利率太高？這兩個基本問題一定要同時發生，泡沫才會發生。除此之外的價格下滑，都不能說是泡沫。就像台灣近年景氣不好，買房的需求變少，但房地產卻沒有泡沫，因為也缺乏大規模的賣屋潮，不過整體價格稍微下滑還是有的。

在這些眾多原因中，**「利息」和「政治因素」**才是唯一的兩面刃。炒房或蓋房都會受到利息牽制，一般住戶也會因為背負房貸利息而喘不過氣，所以利息偏高，就有泡沫壓力。另外，政治的不穩定也是泡沫製造機，舉例來說，如果明天台灣自行宣布獨立，並且更改國號和國旗，相信房地產應該有一堆人想賣，卻沒有人敢買吧！

重點Snapshot 泡沫是因為賣的人太多，願意承接的人太少，導致價格在一段時間內快速滑落的現象。

中央銀行的貨幣把戲

時常有人戲稱，全台灣最賺錢的國營企業就是中央銀行。賺很多外匯是事實，但央行不是國營企業，它的經營目標為促進金融穩定、健全銀行業務、維護對內及對外幣值的穩定。央行會賺錢，有時只是全球資產配置所生的利息，並不是真的以賺錢為目標。簡單來說，他是貨幣政策的主管機關，所以必須掌握貨幣的供給和需求狀況，適時穩定國家的經濟。

經濟離不開貨幣，所以掌握貨幣的供需，就有影響經濟的能力，而影響關鍵就在於**利息**。央行透過一系列手法升降利息來達成目的，不過這裡所謂的利息，並不是放在銀行裡的**定存利率**，而是銀行之間調頭寸的**拆款利率**、央行規定各銀行將定存保留的**存款準備率**、銀行向央行調頭寸的**重貼現率**等數十樣。換句話說，央行的每項決策都會導致這些利息的變動，並由此調節貨幣供給，而這些決策就統稱為貨幣政策。

我們常在媒體上聽到央行升降息的新聞，其實是指**重貼現率的升降**，一碼就是〇．二五%的意思。當央行升息時，代表銀行向央行借錢的成本提高，這個成本會轉嫁出去，於是我們的房貸利率、信貸利率、拆款利率就會跟著上升，造成借款消費的減少，通貨膨脹的壓力就會跟著降低；反之亦然。不過，升降利率的效果可不是瞬間就會達成，每個貨幣政策都有時間遞延的問題待觀察，有時不如預期，就會再升降息。例如美國小布希政府執政期間，聯準會主席葛林斯潘（Alan Greenspan）就曾創下連十三降的紀錄，所以有人批評葛林斯潘雖然助長借款和消費，卻也帶來泡沫，由此可見央行決策的難為。

另外，央行在升降息的策略上，還有存款準備率這個大絕招。存款準備率在經濟學中號稱**「央行的大斧」**。顧名思義，存款準備率的升降影響貨幣供給甚巨，因此要謹慎使用。當央行將貨幣政策定在存準率時，就不難揣測眼前經濟狀況的困難。

還有一招雖然不直接跟利率相關，但也相當常見，叫作**「公開市場操作」**。這是央行經由發行定期存單或於金融市場買賣票債券的方式，調節銀行體系的準備金。這招具有很好的短期效果，也較其他貨幣政策有更多的靈活操控，特別是針對匯率的部分。

這幾年很熱門的量化寬鬆政策（Quantitative easing，簡稱ＱＥ）則是一種新的貨幣政策。和前面不同，ＱＥ不關注特定利率，而是透過公開市場操作的方式，將一定

重點Snapshot 中央銀行掌控經濟變化的關鍵，就在於調整央行和銀行之間的各種利率。

數量的貨幣直接投入市場。簡單來說，就是一種間接印鈔票的行為，主要是因利率已經低到不行，有流動性陷阱的風險導致貨幣政策失效，所以改用這種方式來刺激景氣。

曾有人笑稱，全世界影響力最大的除了美國總統之外，另外一位就是美國聯準會的主席了。一點都沒錯，在全球化的經濟局勢下，美國經濟一打噴嚏，全球都感冒，所以各國央行操控這些貨幣供給的戲法，需要很縝密的考慮，並不能只看國內經濟，甚至還要考量國家安全問題。因此，央行的超然獨立相當重要，如果它的決策還要交給立法院審理，立委們除了賺飽飽之外，相信整個國家大亂指日可待。

經濟學小詞典

➲ **量化寬鬆（quantitative easing，簡稱 QE）政策：**透過公開市場操作的方式，將一定數量的貨幣直接投入市場，例如政府印鈔票後，直接向銀行買回公債，這樣銀行就可獲得資金，因此有人批評 QE 政策就是印鈔機政策。主要是因為利率已過低，有流動性陷阱的風險導致傳統貨幣政策失效，才會改用這種方式來刺激景氣。

總體經濟

貨幣供需和匯率高低

中央銀行的貨幣政策除了對內穩定之外，對外的匯率也是央行最頭痛的問題。全球化貿易之下，匯率不僅會嚴重影響國家物價，也會因為進出口貿易的增減，間接影響國家的GDP甚至失業率。更嚴重者，國家安全問題也會受到波及。所以怎麼拿捏貨幣政策，以避免匯率高低失衡，這中間的學問可大了。

匯率來自於國家之間的貨幣交換，依據各國的貨幣價值，由市場買賣來決定。像之前非洲辛巴威經濟生產力很低，而且長期內戰，辛巴威幣在市場上根本沒人要，因為大家都擔心它變成壁紙，加上辛巴威政府狂印鈔票解救經濟，於是在二〇〇九年出現三百兆辛巴威幣兌換一美元的窘境。由此可見影響一個國家匯率的因素很多，不過從這例子也不難看出，央行在貨幣供給的調節上具有舉足輕重的地位。

一般來說，經濟學大致把匯率政策分成「**固定匯率**」和「**浮動匯率**」兩種。前者指央行緊盯某國匯率，絲毫不讓匯率變動；後者則完全交由市場決定。但坦白說，沒有一個國家的央行不干預匯率，只是程度輕重而已。以台灣來說，央行的政策介於這兩者之間；對美國而言，匯率則是近乎完全浮動。就連經濟程度相當高的日本，二〇一三年新政府宣布無限貨幣寬鬆政策，並有計劃地將日圓貶至一：九〇以上（美元兌日圓），可見各國政府都有進場干預匯率之舉。

一般來說，央行要干預外匯市場，有兩種方式：第一種我們較為耳熟能詳，就是

重點Snapshot 匯率的變化會影響國內經濟，所以各國央行都會出手防止投機客炒作，避免匯率短期激烈動盪。

直接在外匯市場上進行買賣。這是一種短期政策，不過並非每個央行出手都會成功，一個干預失敗的例子，出現在一九九七年亞洲金融風暴。當時量子基金（Quantum Group of Funds）負責人索羅斯（George Soros）大舉在市場上賣出泰銖，泰國央行因為外匯存底不足，短期內也找不到資金應付，於是不到一個禮拜時間，泰銖大貶，促使泰國經濟陷入快速的通膨。過沒多久，韓國也發生同樣問題。兩國雙雙向國際求援，韓國甚至借了好幾百億美金，不過卻也因此全國大團結，連民間也收集黃金資助政府，才能在二〇〇〇年之後打下輝煌的經濟基礎。

第二種方式就是**貨幣政策**了，不過貨幣政策對於匯率的影響，短期效果難見，卻有長期的作用。理論上，當央行的基準利率上升，利率較低的外國熱錢就會流入較高的國家，造成貨幣需求增加，最後促使匯率升值；反之亦然。例如中國大陸這幾年快速發展，一般民間存款利率比台灣高出很多，所以當二〇一三年兩岸貨幣清算機制上路之後，定存人民幣的熱潮頓時成為各大新聞話題。同樣地，澳洲這幾年定存利率也相當高，所以熱錢湧入很多，澳幣也升值不少。實際上，匯率狀況實在太難掌握，所以貨幣政策往往變成匯率的觀察指標，央行干預仍然以短期為主。像日本在二〇〇〇年後，利率雖然已經趨近於零，日幣卻還是一路走升至二〇一二年，直到新的寬鬆政策出場才又回貶。

匯率跟股票一樣難以預料，即便央行的態度可以作為觀察指標，但一般人買賣外匯期貨時，風險仍然很大。大型公司也多有設置外匯避險部門，以避免短期波動造成公司營收損失，操作得宜得話，有時也能為公司帶來一筆意外之財。就是因為匯率充滿投機，各國央行不得不謹慎以對。

總體經濟

外匯存底到底要多少才對？

上一節提到，各國之間因為貿易需要而有匯率產生，但這些買賣外幣的錢，並非完全散置在各銀行手中。因為銀行有新台幣借放的需要，所以銀行一收到外匯，大都會再轉賣給央行，換成新台幣出來。這些賣給央行的外幣就成了外匯存底。以此類推，凡央行持有的外國貨幣（包括現金、存款、支票、本票、匯票等）和可以兌換成貨幣的有價證券（包括公債、國庫券、股票、公司債等），皆屬於外匯存底的一種。

當我們向國外輸出產品或服務，銀行或央行持有國外金融商品的孳息等，外國人

重點Snapshot 央行干預外匯的方式，短期可直接進入市場買賣，長期則可利用貨幣政策影響。

多半會用美金支付，這筆錢可說是我們賺到的外匯。相反地，如果我們從國外輸入產品或服務，我們就要支付外匯，此時外匯就會流失。所以，當外匯存底數字得以增加，通常意味著出口產值大於進口，這也就是為什麼早期台灣和近年中國能留下大量外匯存底的主要原因。此外，外匯存底的增加和存量，也可視為央行貨幣政策運用空間的指標，包括短期干預市場匯率、作為印鈔票的準備金（俗稱美元本位制）等。

不過，外匯存底高低並不是國力強弱的絕對指標，對於各國也都有不同的意義，到底要存多少量才好，並沒有一定的標準。過高的外匯存底有資本流動趨緩等問題，過低則有匯率風險和國債支付能力等問題。國人一般以為「外匯存底愈高，則經濟愈好」，這樣的刻板印象其實是不對的。

儘管如此，對台灣而言，外匯存底還有一項有趣的考量。台灣的外匯存量高低，不可能不牽扯到國家安全的問題。我們知道，一國的貨幣價值來自生產力的強弱和信用。台灣在貿易和製造業上的確很強盛，但在軍事政治上並非如此，尤其我國並非世

經濟學小詞典

➲ **世界銀行**：世界銀行是國際復興開發銀行（International Bank for Reconstruction and Development，簡稱IBRD）的俗稱，現在已成為聯合國機構之一，主要職責在於提供會員國針對生產性投資給予貸款，以及對金融改革計劃提供指導和資金，幫助經濟環境衰弱的成員國實現經濟發展。

界銀行（World Bank）的會員，加上中國政治威脅不斷，一旦爆發類似兩千年韓國的金融風暴，我們將很難向全世界借錢來度過。換句話說，地緣政治的不安，加上國際政治實力的薄弱，中國只需做做樣子，例如丟幾顆飛彈飛越北台灣落入太平洋，此時如果外匯不夠，就無法先穩定國內政經，再向外求援。以空間換取時間，台幣除了瞬間變成辛巴威第二之外，不戰而降的機率恐怕瞬時大增。所以對我國來說，只有當外匯存底愈多時，至少經濟能感到愈安全。

總體經濟

雲霄飛車般的景氣循環

經濟可以分析，也可以著手改變，但為什麼仍然不敵景氣循環呢？任何國家的景氣多跟心電圖一樣，高高低低，像極了雲霄飛車的軌道，從人類有歷史以來就不可避免。最古老的景氣循環和天候有關，《史記・貨殖列傳》曾經提到：「六歲穰，六歲旱，十二歲一大飢。」不僅如此，所謂天理循環，物極必反，都是一種景氣循環的現象。

重點Snapshot 國人一般外匯存底愈高、經濟愈好的刻板印象，其實是不對的。

古典經濟學時期缺乏統計的數據，雖然談論景氣循環，多是偏向經濟成長的探討，像馬爾薩斯利用人口問題談論經濟成長，認為勞動生產力和技術的進步，可以帶動更多的產出，經濟因此成長，但人口也會跟著擴張，最後導致糧食和資源不足，景氣於是衰退。新古典經濟學時期則認為，儲蓄的高低和勞動力與經濟成長及衰退密切相關。一直到了凱因斯之後，才真正有了景氣循環的探討。

凱因斯學派認為，景氣循環與消費不足有很大關係，薩繆爾森為此提出了**乘數及加速理論**（multiple-accelerator interaction）。簡單來說，就是：總需求擴張↓所得增加↓投資增加↓所得續增↓投資再增加↓所得增加，但速度逐漸趨緩↓投資增加，但速度開始減緩↓所得減緩……最後所得和投資得以再度穩定而回到原點，於是景氣再度復甦。

有了凱因斯學派作為研究先鋒，許多景氣循環的相關研究也跟著出爐。最常聽到的還有**實質景氣循環理論**（the theory of real business cycles），認為造成景氣波動的來源是來自實質的衝擊，例如石油危機、戰爭、罷工等因素，並非需求面的原因。貨幣

經濟學小詞典

➲ **乘數及加速理論**：薩繆爾森所提的乘數及加速理論，將國民收入、全國投資和消費三個問題共同併入景氣循環的思考。他發現投資的變動，會產生乘數及加速影響國民收入的變動，也會影響消費，因此產生了景氣循環。

學派也提出自己的看法，認為貨幣供給成長率才是景氣循環的主要原因，因為貨幣政策造成利率的波動，導致需求減少因而衰退。此外，還有根據建築業景氣所作的景氣循環分析如**庫茲涅茨週期**（Kuznets cycles）、根據企業生產銷售和庫存所作的**基欽週期**（Kitchin cycles），甚至也有根據選舉年分來分析的**政治經濟循環理論**。

各家經濟研究機構對於景氣都持不同的角度，有了這些精密的經濟模型互相比對，短期的景氣確實不難預測。不過政府的政策存在很大的時間落差，而且政府往往也是導致市場經濟失靈的凶手之一，所以即便經濟學家們能夠合理預測，還是抵擋不了循環的趨勢。我們不可能擁有一個永遠都在景氣擴張的社會，反而隨時要未雨綢繆，並仔細思考什麼是我們要的「好經濟」，才不會跟著景氣循環而隨波逐流。

總體經濟

恐怖的二〇〇七年金融海嘯

自二〇〇七年十一月開始，整整一整年時間，全球股市經歷了一場相當大的災難。台北股市從九八〇〇點一路滑落至四二〇〇點，而這波金融海嘯的後座力更影響

重點Snapshot 各個學派都有不同的景氣循環觀點，但政府經濟政策存在時間上的落差，所以仍然不敵景氣趨勢浪潮。

到歐洲債務危機，全球景氣為此低迷了相當多年。

這一波金融海嘯，可以視為金融商品的泡沫，起因於美國次級房貸的貸款浮濫。兩千年之後，全球經濟需求大幅擴張，包括耳熟能詳的金磚四國、東歐和東南亞新興市場，不僅原物料、糧食等價格因此衝上歷史新高，更因為歐美等大國利率的低落，導致市場資金相當浮濫。美國很多小型銀行就搭上這波經濟熱潮，對於房屋貸款的資格限制下修許多。這些借給條件較差借貸者的貸款，就是俗稱的「次級房貸」。

次級貸款本身就有較高的風險是收不回來的，不過聰明的美國金融業想出了一套分散風險的方法，就是把這些債權集中起來，以這些債權為擔保品發行債券，也就是所謂的**「債務抵押債券」**（Collateralized Debt Obligation, CDO）。銀行將這些債券賣給投資公司，也就是說，銀行用債權先跟投資公司借錢，如果利息還不出來，這些擔保品的金額就全屬投資公司。當然，銀行還會把其他債務，像是公司貸款、汽車貸款等，打包成一個債券賣出，將風險壓低，讓投資公司在計算時能夠符合其投資門檻。但投資公司也不是傻子，轉而將這些CDO賣給一般投資者，也就是利用投資者一起集資來購買，一方面能分攤風險，另一方面也有充足的資金，而這就是之前鬧得沸沸揚揚的**「連動債基金」**。

除此之外，這些投資銀行敢購入這些高風險的債券，完全要歸功於一個很可怕的風險轉移制度——**「信用違約互換交易」**（Credit Default Swap, CDS）。簡單來說，投資公司A買了這些債券之後，向另外一家投資公司B簽訂CDS條約。A先付一筆固定的費用或利息給B，但是當這個債券發生違約，錢收不回來時，B要負責填補所有虧損。這是一種保險的概念，也就是A要求B作保人的意思。此外，B必須同時簽訂許多CDS，才能分散風險，如同一般保險公司的作為。例如有XYZ三種債券，X若不幸違約，B還可以拿YZ所賺的保費來填補X。這看似合理，可是一旦XYZ一起違約呢？所以CDS是一種金融槓桿相當大的投資，擁有高報酬也有高風險。由於人性貪婪，當時可是趨之若鶩。

於是二〇〇七年的金融海嘯，就從雷曼兄弟投資這些次級房貸債權破產開始。二〇〇六年時，美國房地產價格開始出現衰退，並且造成大量的法拍。過去低利率帶來的炒房投機氣氛，開始緊張了起來，買家信心大幅減少。CDS違約在二〇〇七年後瞬間爆發，手中持有債券的各個投資銀行，也無法搞清楚CDO包裹裡的債務到底是不是地雷。雷曼兄弟就在這樣的氛圍下，旗下所有金融商品很快地被全球投資者鄙棄，而美國當時最大的保險公司荷蘭國際集團（Internationale Nederlanden Groep，

重點Snapshot CDO和CDS這兩種新交易制度，將金融信用過度擴張，埋下資產泡沫的引爆點。

簡稱ＩＮＧ）也受到牽連。終於在二〇〇八年，雷曼兄弟宣布破產，而ＩＮＧ則在美國財政部的協助之下倖存下來。沒想到這把火卻繼續延燒到歐洲，直至今日仍未停歇，整個過程後來被拍成電影《大到不能倒》（*Too Big To Fail*）。相信這是未來學子們一本學習經濟學最活生生的教材。

總體經濟

歐債五國怎麼了？

當美國為了雷曼兄弟苦惱時，歐洲各國卻只能望著這把金融大火的肆虐興嘆。二〇〇七年的金融海嘯，直接且快速地導致全球投資和需求萎縮，特別像是相當倚賴出口的台灣，二〇〇九年ＧＤＰ甚至呈現罕見的負成長，可見金融海嘯的強大威力，讓全球經濟信心潰堤。

在這種嚴峻的背景之下，二〇〇九年底，全世界對於債券評價最具公信力的標準普爾公司（Standard & Poor），率先調降了希臘的國家債券等級，後來其他兩家債評公司也隨之跟進。短短幾個交易日，希臘國家債券在市場上幾乎變成垃圾債券，而和希臘一樣借債過高的幾個歐洲國家，如愛爾蘭、西班牙、葡萄牙在信心潰堤之下，其國家債券也相繼中彈。但萬萬沒想到的是，工業大國義大利竟也在二〇一一年亮起了國家債券危機的紅燈，讓整體歐盟瓦解的壓力一觸即發，全球經濟復甦難見曙光。「歐豬五國」（PIIGS, Portugal, Ireland, Italy, Greek, Spain）的壞名聲不脛而走。

其實絕大多數的國家都會借債。國家的財政主要來自稅收，數目雖然龐大，但往往因為政治支票、大型建設和人民對於國家財政的迷思，導致每個國家總是入不敷出。如果直接印鈔票的話，就會像漁夫阿丁拚命撿貝殼一樣，最後貨幣會失去價值。所以，政府籌資必定會發行公債，發行債券主要是利用收回貨幣的方式，充足政府財庫。有時政府會評估發行債券的成本，將公債指定賣給國外投資者，利用外匯買回貨幣，或是直將外匯當作印製鈔票的基礎來籌資。政府負債的債權對象如果是國內銀行，也許還好處理，我國就屬於這類情形。如果積欠的對象是外國投資人時，政治、經濟的傷害風險就會相對地高出一大截。這次歐債五國正是因為積欠外債過多，才會發生如此巨大的危機。

不過冰凍三尺絕非一日之寒，以希臘來說，不管是公務體系的負擔、社會福利項目的支出，以及物價的通貨膨脹，都是希國政府這二十年來的沉痾之痛。雖然希臘在

重點Snapshot 二〇〇七年金融海嘯的受害銀行，龐大到使美國政府不敢讓其倒閉，間接增加了這些金融業的道德風險。

一九九〇年代經歷過一段不錯的成長高峰期，但整併入歐元區之後，貨幣政策受制於歐洲央行，而希臘本身又無法符合歐盟的經濟改革要求。希國政府就像卡債族一樣，竟然開始向外求援，以債養債，這顆雪球於是從兩千年滾到二〇一〇年。觀光旅遊產值占全國GDP高達五〇%以上的希臘政府，在雷曼兄弟風暴發生之後，因為全球經濟信心潰堤，連帶使得希臘賴以維生的觀光業受到沉重打擊。二〇〇九年時，希臘整體外債占GDP比率竟高達七七%，終於在隔年二月宣告破產。投資人對於歐洲國家債券的信心大幅動搖，債券炸彈引爆，全球經濟更顯困頓。

無論是二〇〇七的金融海嘯，或是二〇〇九的歐債危機，全球沒有一個國家不為此付出極大代價。傷害的真正原因錯綜複雜，必定是未來相當熱門的一門學問。不過，付出代價之後得來的反省，才是經濟學最需要的復甦。

個體經濟

自由放任萬萬歲？

從亞當・斯密以來，自由放任的經濟市場一直被大多數的經濟學家掛在嘴邊，相信「看不見的手」會為市場帶來效率。顯然，兩百多年來似乎沒有一個國家能夠完完全全放任經濟活動，就連標榜自由至上的美國，也難免對於貿易逆差過大的國家祭出貿易報復條款。這令人不禁想問，自由放任若是像學者們所說的那樣，可以讓經濟市場達到最好的效率，又是什麼因素導致政府不願意相信自由放任的經濟市場呢？

歐洲啟蒙時代之後，民主社會逐漸存在著公平正義的基本價值觀，因為這是維持一個國家穩定發展的關鍵，也是對人性尊嚴的保障。自由放任雖然帶來效率，但效率並不帶來公平或正義，或者具體一點，沒有讓社會總效益最大化。

舉例說明，假設在一個兩人世界：

A先生擁有：三根香蕉（X）、五顆蘋果（Y）　效用函數：U（A）＝2Y

B小姐擁有：六顆水梨（Z）　效用函數：U（B）＝5X

根據巴瑞圖的說法，自由放任的交易行為，資源配置會產生巴瑞圖最適狀態。但我們發現，水梨對於A先生的效用根本沒有幫助，所以A先生沒有交易的需求。也就是說，巴瑞圖最適的結果可能就是雙方沒交易，而此時雙方的效用為：

重點Snapshot　政府借債如果沒有促進經濟成長，舉債就會墮入無限輪迴，導致停滯性通膨。

U（A）＝2×5

U（B）＝5×0＝0

社會總效用＝10＋0＝10

不過，雙方沒交易是件好事嗎？B小姐對於香蕉可是有偏好的，她甚至願意交出所有水梨來換香蕉，促使效用最大化。而且證據顯示，即使A答應交易，也不會減少本身的效用。所以，站在一個政府的立場來考量時，就有必要進行干預，促使A先生願意和B小姐交易。假設政府介入之後，B小姐用六顆水梨換到了三根香蕉，此時雙方的效用為：

U（A）＝2×5

U（B）＝5×3＝15

社會總效用＝10＋15＝25

這個結果對於整體的生活福利是提高的，但它卻不是自由放任下所能得到的。社會上有太多諸如此類的現象，例如壟斷事業、教育事業、體育產業、資訊不對稱市場等，所以在台灣，像是消基會、消保官等就是這些問題的守門人。適時反應和干預，絕對有其必要。

當然，也有政府干預造成社會總體效用大減的例子。二〇〇八金融海嘯時，台灣政府對於國內油價就曾宣佈「凍漲」政策，中油公司吸收一部分虧損，消費者剩餘卻沒有因此增加，倒是生產者剩餘減少許多，社會總效用因而損失不少。到了二〇一二年，由於抵擋不住凍結壓力，油電雙雙飛漲，短期內即造成企業生產和民間消費兩敗俱傷。儘管如此，短暫的凍結在當時確實有穩定物價的作用，不過從結果來看，出來跑的總是要還。政府干預必定有失有得，而得失就存在於時間的落差，和對於外部性的影響。

每個人和每個廠商都在追求效益最大化，但政府這部機器其實也有自己的效益考量。例如為了促進環境的永續發展，政府對於電動摩托車的生產和購買都有補貼政策。如果將電動摩托車放任自由經濟的話，恐怕再過十年都很難看到有廠商願意生產，如此一來離環保目標就更遠了一步。

自由放任的市場確實會有效率，但對整體的效用並非最好，更遑論政府也有自己的效用要考量。所以，政府干預長久以來一直無法避免，往後也不可能消失。只是這

重點Snapshot 在自由放任下，某些資源的自然分配無法達到社會最大福利，所以政府有干預的必要。

些市場干預政策，到處可見政治人物中飽私囊，或者為了政治選票而亂編預算，這才是對國家經濟的最大傷害。

個體經濟

天下沒有白吃的午餐

貨幣學派開山祖師傅利曼出過一本著作《天下沒有白吃的午餐》（*There's No Such Thing as a Free Lunch*），書名很快地成為名言。其實這句話並沒有否定一些善良的互助行為，或路上撿到錢等運氣行為，而是形容我們在決定一個「經濟行為」的前後，必定隱含許多的成本，像是機會成本、沉沒成本（sunk costs）、皮鞋成本（shoe leather costs）等，只是有時我們忽略了這些成本，有時則是存在時間落差，但不代表它們不存在。

大多數的人都知道，一間公司的營運必定包含**固定成本和變動成本**。固定成本像是水、電、瓦斯、設備等每月固定會花費的東西，而變動成本通常是指投入的生產要

經濟學小詞典

➲ **政策補貼**（policy of fiscal subsidies）：政府的目標有相當多類，政策不是只有賺錢與利而已，所以有些經濟政策初期並無利益可圖，一般企業不願意投資試水溫，此時政府就必須以補貼方式誘導企業投入，例如環保設備的更換等，以符合政府的目標。當然，補貼有時也是為了保護產業，這是另外一種目的。

素，像是人工、材料等。此外，對公司而言，也有**機會成本**的考量，例如同樣的麵粉、人工和其他材料，要做成蛋塔還是麵包出售呢？一間公司要獲利之前，必須有這些成本的付出；就算不涉及製造工作，也有相同的營運決策考量。

其實，個人的經濟行為跟公司的營運概念是一樣的，「要怎麼收穫，先怎麼栽」絕對是個硬道理。然而，個人的決策也會遇到幾項有趣的成本問題，例如時常與變動成本合併討論的**沉沒成本**。顧名思義，沉沒成本指無法回收的付出，例如某首歌的歌詞中唱到：「為妳付出了那麼多，妳卻沒有感動過。」這些得不到平等回報的付出，都算是沉沒成本。不僅如此，像是愛好爬山而走到腳起水泡，這些傷害也都是沉沒成本。多數時候，當下的我們對於沉沒成本並不會計較，卻總是在不盡人意時格外懊悔煩惱，這就是沉沒成本的最大特色。

另外，尚有一種成本概念與固定成本很像，其特色也是不容易發覺，卻會加速折舊，稱之為**皮鞋成本**。這個概念起源於描述一些人由於擔心物價上漲，買東西時會貨比三家，來來回回走很多次；或者因為把現金都存在銀行賺利息，每次為了消費，到銀行或ＡＴＭ提款的次數與時間變多了，這些都可能造成皮鞋提早磨損、報銷，故以此稱之。手機、電腦、相機甚至摩托車等，在我們追求一個女孩子時，使用頻率都因

重點Snapshot 每個經濟行為的背後都有成本，只是有時我們忽略了。

此上升，並加速了磨耗，這就是皮鞋成本最好的例子。

這些零零總總的成本都值得重視。總是想要不勞而獲的人，有句頗為中肯的話值得警惕：「免錢的最貴！」一語道破許多詐騙的花招和欠下人情債的無奈。任何經濟行為都有代價，現在沒發生，日後必會加倍付出。俗話說得好：「運氣只會留給準備好的人。」這些準備就是成本，天底下確實沒有白吃的午餐。

個體經濟

最低工資愈高，對勞工愈有保障？

自從台灣受歐債風暴波及之後，勞工薪資也跟著倒退。倒退可以分成兩個部分，除了起薪確實倒退之外，還有因物價上漲造成的購買力倒退。這兩項因素的變化，也連帶影響了最低工資的討論。

最低工資（**或基本工資**）是由政府立法介入勞資市場的保障政策，目的就是規定一個勞工最低薪的薪資，保障勞工能夠得到足以生存的金額。最低工資的制定考量相當多，例如基礎糧食物價、交通運輸消費、住屋需求等。一旦物價連年高漲，最低工資就有相當程度的調升空間，否則勞工將會入不敷出。如果自由競爭的勞動市場，其基礎工資水準足以應付這些基本開銷，政府就不需介入。換句話說，政府規範的最低工資，一定比完全不受干預下的均衡薪資還要來得高。我們可以把它視為一種類似「關稅」的保護，而把這個保護門檻調高或調低，難免就產生了爭議。

以一般大眾的心態來說，最低工資當然愈高愈好，但因為最低工資具有「保護」特性，價格高於均衡薪資，對於資方來說，勞動需求量就會減少。理論上這會產生超額供給的現象，也就是說，原本最低薪資一萬八千元，企業可以請一百人，調漲到兩萬之後，企業可能只請九十五人。另一方面，當最低工資上升後，企業會雇用更高階的人力，技術和知識能力不符合此價錢者便不會被錄取，因此可能造成更多的失業。

不過實際上並非如此，最低工資的調升對於非領取最低工資的勞工來說，薪水不會在短期內調漲。除非公司大多數員工都領取最低工資，否則短期而言對公司影響不大。但長期呢？九〇年代有許多美國經濟學家比較各州的最低工資調漲現象，發現最低工資調漲之後，會連帶使得消費者購買力增強，長期並沒有顯著造成失業率攀升，但確實導致更弱勢的勞工產生失業。後來更有六百多位經濟學家一起為「調升基本工資」背書，他們認為這麼做對於社會福利和安定都具有正面效果。

重點Snapshot 最低工資目的是藉由規定勞工的最低薪資，保障勞工得到足以生存的金額。

整個論述似乎對於最低工資調漲有利，其實不然，問題還是卡在最低工資的考量條件。以台灣為例，資源過多集中在台北地區，但領取最低工資的勞工多數卻不在台北地區，所以當政府參考全國物價、房價等平均價格時，在其他鄉鎮市難免會得到較高的評估，特別是房價因素。因此，對企業來說，遵守同樣的最低工資，台北的員工和老闆會無感，但台南的老闆可能就有壓力了。所以，最低工資真的愈高愈好嗎？這需要更精確的數據分析，才能提出正確的政策。而分區、分年齡之類的最低工資政策，在歐美已有實行，可惜台灣尚無這樣的政策概念。

大致上，最低薪資的設置確實利多於弊，畢竟若將勞工薪資完全交給「自由放任」的市場，恐怕失業率會大到難以想像，也容易產生逆選擇的風險。

個體經濟　可口可樂與百事可樂就是不一樣

在經濟學課本中，一定會介紹**「完全競爭市場」**。某些產品因為進入門檻不高或者替代性高，只要還有利潤存在，廠商就會一窩蜂地製造。之後隨著廠商倒閉或增加，使得價量不停地在均衡附近來回。不過現實生活中，這樣的情形在一般消費市場上並不多見，尤其是在已開發國家。這並不是因為廠商自律，而是來自於品牌行銷。

相信大家對於可口可樂和百事可樂的印象一定不陌生，而且喝起來有時還真的分辨不出來。縱然有如此高的替代性，兩者的價位居然還是有差異，而且每每站在便利商店的冰箱面前，多數人總會習慣性地拿起紅色較貴的那罐。消費者會有這樣的經濟行為，並不是因為紅色比藍色能帶來更多效用，也不是因為紅色比藍色更富有健康價值，而是一種商業印象，使得我們下意識地接受這個商品。

可口可樂主打歡樂的氣氛和享受的感覺，並且樂於贊助許多運動賽事加以促銷，配合北極熊和聖誕老人鮮明的紅白標誌，使得許多節日聚會時，總是讓人不由自主地想到可口可樂。而百事可樂主打年輕人的渴望，配合當地巨星來代言，強調與在地文化的結合，並且聲稱永遠比可口可樂便宜，因而也打下一片江山。所以換句話說，因為廣告的包裝，使得兩樣同質性高的產品有了區隔，即便內容物相去不遠，但在消費者的印象裡，兩者就是不一樣。此外，這些廣告的費用輾轉攤提在產品的價格之中，也就造成了價格的差異。

其實還有很多例子可以舉出，像是蘋果的電子產品 iphone，與其他智慧型手機比

重點Snapshot 完全競爭市場內的產品進入門檻低，替代性高，只要有利潤，便會有多家廠商加入競爭。

較起來雖然系統有差異，但功能幾乎雷同。蘋果主打時尚和高品味的形象，被喻為3C產品的LV。一個有趣的現象是許多人雖然買了蘋果的筆電，卻還是偷偷安裝windows系統，可見產品形象和購買慾望之間，確實有很大的關連。而在經濟學裡，我們就把這樣的廣告行銷現象稱作**「獨占性競爭市場」**（**monopolistic competition market**）。簡而言之，彼此產品僅有少部分不同，替代性也高，但消費者購買的主觀感受卻大不相同。

即使很多商品都接近完全競爭模式，例如筆電、服飾、飲料店、便利商店等不勝枚舉，但因為品牌的原因，產品價格並不會完全一致，也不會時常浮動。這對廠商的利潤而言較有彈性，同時消費者也能獲得保障。可口可樂公司能夠獲得投資大亨巴菲特的青睞，是有道理的。

個體經濟

台灣職棒的矛盾：共體時艱 VS. 把餅做大

台灣職棒已成立二十三個年頭，除了前面六年相當風光之外，職棒七年出現簽賭案之後，整體發展衰落至今，令許多球迷戲稱台灣職棒年年都是草創期。在這段黯淡時期，各個球團一直有著不同的聲音。有的老闆認為要共體時艱，因此採取緊縮成本的方式，也有老闆反向擴大宣傳及投資。其實沒有一定誰對誰錯，我們倒是可以從台灣職棒的發展，探討經濟學中的競爭關係。

壓低成本大致可分為兩種方式：第一種就是所謂的割喉戰，因為固定成本短期不易改變，所以壓低變動成本成為該策略的主要標靶，像是壓低人事支出、材料費用等。透過變動成本的降低達到獲利的增加，這是企業短期獲利最具效果的方式。所以在完全競爭市場裡頭，因為產品同質性高，替代性也高，廠商為了快速切入市場得到訂單，並且防止對手搶單，往往利用壓低變動成本的效果，進而壓低接單價錢，以和其他廠商競爭。市面上許多劣質品、黑心產品，多是這類競爭帶來的後遺症。雖然多數廠商還是十分注重品質，畢竟不是所有消費者都能分辨品質的高低，於是就讓少數商人找到漏洞可鑽。之前三聚氰胺毒奶粉事件，就是個活生生的例子。此外，因為廠商進入的門檻低，即便景氣好時，競爭者也會相對增加。一旦割喉戰已成習慣，便難逃命運的輪迴。

第二種壓低成本的方式，考量的是生產數量。也就是說，同一套設備如果能產出

重點Snapshot 品牌形象的建立，就是為了創造獨占性競爭。

愈多，每個產品的平均成本就會愈低，這就是所謂的**規模經濟**（Economies of scale）。舉例來說，讀大學時很多系所都喜歡製作班服，如果購買數量愈多，廠商相對給的價錢就會愈便宜。如果只是為了一兩件而開模生產，恐怕比在外面買還貴上許多，這就是規模經濟的概念。許多廠商就是利用此概念降低產品的平均成本，一旦成本降低了，競爭力也就變強，素有電子零組件帝國之稱的鴻海，就是規模經濟最具代表性的例子。不過，大量生產必定牽扯到設備廠房的擴充，以及更多的人力資源問題，這些投資必須較長的時間才能顯現出效益。

壓低成本是供給者自身的調節，而把餅做大則是反向擴大產品的需求，透過行銷、政策、產品內在價值等同步改善方式，讓更多消費者願意買單。最好的例子就是觀光旅遊，除了旅行社本身的行銷策略，政府協助取得免簽證及直飛航權等，都能帶動商機。把餅做大可以說是每個產業的夢想，但有時可能需要好幾年的光陰，有時也要考量到投資金額是否足夠；再者，廠商大多只想坐收漁翁之利。所以把餅做大存在著許多困難，此時政府的角色就顯得極為重要。

經濟學小詞典

➲ **規模經濟：**規模經濟是指隨著產量的增加，平均成本不斷降低。主要原因是在這產量範圍內，固定成本的變化不會太大，新增的產品因此可以分擔更多的固定成本，從而使平均成本下降，而總成本也會下降。

回過頭來看台灣的職棒，即便發生過多次簽賭事件，某些球隊的平均進場球迷人數卻仍在上升，且往往一遇到國際賽事，或是台灣選手站上美國大聯盟舞台，收視率便直線上升，具有相當可觀的商機。這些喜愛棒球卻不願買票進場的球迷，恐怕不是厭惡簽賭，而是無法認同職棒技術品質長期的僵化，和人才更替的緩慢。站在這樣的背景來思考，球團應該採取壓低成本還是把餅做大的策略，相信答案應該很清楚。

當然，政府若能給予球團類似短期低利貸款的協助，絕對有助於球團經營走向正確的路。更重要的是，政府不需要一直加碼補助在選手身上，這樣邊際效益會降低，且無助於改變消費者對職棒這個產品的需求。政府反而應該多設置簡易型的小球場，促進地方型棒球組織的健全發展，讓更多人可以親身接觸棒球，如此一來才能真的讓人愛上棒球，不辱「國球」的稱號。

個體經濟

公地悲劇與反公地悲劇

日常生活中時常聽到一句諺語：「兄弟登山，各自努力。」但相反地，也有「兄

重點Snapshot 壓低成本是供給者自身的調節，把餅做大則是反向擴大產品的需求。

弟同心，其利斷金」這句古語。到底人們在追求利益時，應該彼此競爭還是一起努力？其實以經濟學的角度來看，大部分的合作關係能夠分散損失風險，也能減少造成負面外部性；各自競爭雖然可以讓個人追求效用極大化，也頗能激發一個人的潛能，卻存在兩敗俱傷的高風險，就算是在零合競爭之中（最後只有一人勝利），最後勝利者在過程中往往也付出相當大的代價。當然，該合作還是該競爭，仍然要看情況而定，甚至不排除兩者同時存在的可能。這些在經濟學中的賽局理論有很深入的討論。

回到「兄弟登山」這件事來聊，看似各自管各的，卻仍不免會有兩敗俱傷的情形發生，這就是經濟學中赫赫有名的**「公地悲劇」**理論（tragedy of the commons）。這裡的公地是指無主的天然資源，不是國家管理的資源。中古世紀的英國，因為有許多無主的大草原，經濟學家發現第一位牧羊人找到無主的草原放牧之後，就會定居下來。起初羊群數量不多，所以羊群吃得好且長得好，而牧羊人也從中獲得不少經濟價值。於是牧羊人逐漸增加羊群的數量，等於是擴大產量。但很快地，馬上會有另一個牧羊人眼紅，也將羊群遷徙到這塊草地，複製他人的成功經驗。此時尷尬的局面來了，第一位牧羊者其實沒有權力趕走他人，兩人也不願意讓出肥沃的天然資源或減少羊隻數量，隨著日子過去，草原被羊群啃食的速度愈來愈快，羊隻也因為糧食不夠逐漸消瘦，因而賣不出好價錢。最後兩位牧羊人兩敗俱傷，不歡而散，趕緊再去尋找下一塊草原，這一片光禿禿的草原就留給其他人自己想辦法解決了。

公地悲劇點出殘酷的資源競爭事實，像現代排放汙水、黑煙等環境汙染，或是占用騎樓、違建、路霸問題等，都很適用公地悲劇的理論來解析。因此，制度經濟學家提倡利用產權的設定解決公地悲劇，但產權設定需要強有力的法律來維護和裁判，否則也是枉然。值得注意的是，解決公地悲劇的成本往往相當龐大，包括**產權交易費用、產權談判成本**，甚至**規範或排除新競爭者的成本**等。政府的角色和態度在此問題中便顯得相當重要，像是對於智慧財產的保護，就是一個最好的例子。

產權一旦確定之後，競爭悲劇得以減緩，但隨之而來的問題就是資源利用的不足。因為產權擁有人會有獨占的心態，在價格未達滿足之下，不願意為了群體而貢獻，導致資源利用不足。這就是一九九八年美國黑勒教授（Michael Heller）提出的**「反公地悲劇」**理論（tragedy of anti-commons）。

簡單來說，當資源產權過度分散時，就會像都市更新一樣，容易遇到釘子戶不願配合。其他像是專利權的分散，也阻礙了許多資源組合利用的可能。尤其在醫學專利領域中，產權分散甚至可能阻礙對人類有益的藥物研究。黑勒教授的理論直接點出一

重點Snapshot 各自努力，結果卻兩敗俱傷，就是經濟學裡頭的公地悲劇。

門很深的倫理學問題，個人的自由交易意志和其他眾人的利益，到底孰輕孰重？

無論是公地悲劇還是反公地悲劇，都肇因於人類的私心。這些問題在每個時代都會搭配不同的主題和變化，對於立法和執法者來說，永遠是一門重要的功課。

個體經濟

從囚犯困境理論看社會

經濟學假設人是理性的，因此會做出自利行為。賽局理論誕生之後，卻發現人在訊息或知識極度封閉的情況下，不僅無法理性，更會做出「雙輸」的選擇。這個有名的經濟學理論，就是鼎鼎大名的「**囚犯困境**」理論。

囚犯困境的故事是這樣的：某日，法官因為案件證據不足，分別把兩位涉案囚犯帶到不同的房間突破其心防。法官先向囚犯A說：「如果你願意提供B的犯罪證據，而B保持沉默的話，你就可以無罪釋放，B則需要坐牢十年；如果B反過來也提供你的犯罪證據，那麼你們都得坐五年的牢；不過，如果你們兩個都保持沉默，你們仍然要坐牢五年。」向A講完這些條件後，法官走向B的房間，重複同樣的話給B知道。

於是囚犯A、B兩人開始煩惱，到底要選擇招供，還是保持沉默。這裡簡單地把條件畫成表一如左。

對A或B來說，至少都會這樣想：如果我選擇沉默，最少就是坐牢五年，但對方若選擇背叛，我變成要坐牢十年，而對方可以不用坐牢，這樣連我都想背叛了。所以我若沉默，恐怕真的會被背叛；如果抖出對方的犯罪證據，最差的結局就是坐牢五年，至少還有一絲機會可以賭看看對方沉默而自己無罪釋放。於是兩害相權取其輕，A、B此時在無任何資訊交流的情況下，為了自身利益，信任感頓時消失，最後不約而同選擇背叛，走向雙輸的結局。

表一：囚犯困境

		囚犯A 沉默	囚犯A 背叛對方
囚犯B	沉默	A：5年 B：5年	A：無罪 B：10年
囚犯B	背叛對方	A：10年 B：無罪	A：5年 B：5年

困境會發生，很大一個關鍵在於缺乏互信。而互信能夠產生，主要來自於對彼此理性背景的了解。在這個社會上，許多社會議題、政治議題等，都是因為缺乏理性溝通所致，其中很大一部分原因在於每個人都會隱藏自己的真正動機。例如政治人物在鼓吹兩岸自由開放

重點Snapshot 囚犯困境是一種非合作非零和的賽局，社會許多問題就是屬於缺乏合作信任機制下產生的困境。

時，並不會告訴選民他在中國大陸經營多少生意。這類缺乏互信的問題，就是經濟學所講的「**社會困境**」（social dilemma）。

舉例來說，假設A和B是一對互看不順眼的鄰居，起因於垃圾時常互相丟來丟去，我們用簡單的賽局表來看看表二是怎麼一回事。

表二：社會困境

B先生效用 \ A先生效用	丟到隔壁	請垃圾車
丟到隔壁	A：50 B：50	A：20 B：200
請垃圾車	A：200 B：20	A：150 B：150

從這個賽局中，我們看到無論B先生怎麼處置垃圾，鄰居A先生選擇將垃圾丟給B都是最好的策略；同樣地，B也會做出一樣的事情。雙方因為誤會很深，一直不願意溝通，結果兩敗俱傷。其實對A和B來說，一起請垃圾車來清運，效用至少比互丟來得大上許多。若把這個題目延伸成環保或節約能源等問題，我們甚至可以理解為什麼很多環保政策會失效，為什麼國際條約難有效力等問題。

賽局理論就是這樣有趣，不過能夠分析是一回事，重點還是在解決問題。要跳脫這些「困境」，解決之道在於「不斷往來，建立機制」。理論多是靜態討論，但實際生活中的困境多是動態的。俗話說得好：「早晚相賭ㄟ到。」（台語發音）你這次背叛我，下次我肯定不會買你的單。老祖宗強調「民無信不立」是非常有道理的。

個體經濟

資訊不對稱才有利可圖？

在經濟學裡，我們很常看到「資訊不對稱」的討論。這問題主要在描述我們每個人的能力有限，而且並非所有資訊都被公開，或者能被妥善解讀，所以每個經濟決策都可能充滿盲點。換句話說，市場中的經濟活動，到處充斥著資訊不對稱的問題，這是個常態。但也因此，人類的經濟行為有了專業分工，帶動龐大的經濟價值，不過也暗藏了傷害經濟活動的危機。

訊息本身可以轉換成貨幣價值，就像保險公司對於投保人的相關狀況愈了解，愈能掌握風險的大小。但相對地，若想了解投保人更多訊息，保險公司必須額外下功夫收集資訊，例如向各銀行調查其信用狀況、薪資狀況等，甚至有必要打聽這個人的個性，或過去一些犯罪紀錄等，這些屬於**訊息的搜尋成本**。不僅如此，我們會請律師來打官司，也是為了要彌補自身對法律知識的不熟悉，避免形成資訊不對稱而喪失權益，這屬於**訊息的交易成本**。廠商為了包裝自己的產品形象，不惜花錢買廣告，這屬於**訊息的製造成本**。這種廣告成本通常會轉嫁給消費者，可見訊息確實存在價值。

不過，擴大訊息的不對稱看似能夠創造不錯的收入，其實不然。訊息不對稱的另一個負面解釋就是「**欺騙**」。對個人短期確實有利可圖，但長期下來會造成很多的負面外部效應，最終導致市場失靈，使得經濟活動既沒效率也沒效益。

像是在股票市場中，內線交易醜聞不斷發生，這是因為公司高層握有比一般投資大眾更快速且準確的訊息，因此得以先一步買進或賣出。如果容忍這類事情一再發生，相信股票市場最後沒人敢碰，很快就會變成一攤死水。職棒的假球案也是一樣道理，球員們認為一般觀眾看不出放水的痕跡，雖然事實也的確如此，但後果就是足足讓台灣棒球環境困頓了十五個年頭。一般的商品交易也是如此，部分商品為什麼設有規定鑑賞期？公平交易委員會為什麼要介入不實廣告的懲處？這些都是為了防止資訊不對稱帶給市場後遺症。當然，每家公司仍有屬於自己的商業機密，這又屬於另外一種資訊權利的規範。除了經濟市場，我們的民主投票也有資訊不對稱的問題，所以媒體的角色相當重要。如果媒體成為資訊不對稱的幫凶，獲利的只有政治人物，受害的就是整個國家。

平心而論，資訊不對稱的後座力相當強大，雖然不能否認它時常帶來相當可觀的經濟價值，但無論做生意還是做人，都是長長久久的事。法律對於資訊不對稱的處罰也只會日趨嚴謹，不會鬆懈，因為這也是一個國家維持經濟發展相當重要的工作。

生活經濟　現代人為什麼都不生小孩？

出生率大退步，似乎已成為許多已開發國家的社會問題。出生率降低雖然不代表人口的減少，卻代表著人口成長的緩慢。馬爾薩斯曾經針對人口爆炸的經濟問題提出質疑，他的想法其實並沒有錯，至少對於全球而言，馬爾薩斯陷阱正在持續發酵中。不過對於個別國家來說，縱然跳脫了馬爾薩斯陷阱，出生率的下降對經濟成長還是存在著一些負面影響，例如人口老化、消費需求減緩等。

過去的農業社會，因為資本和技術較不發達，勞動力幾乎就是生產力的保證。因

重點Snapshot　雙方在互動時，彼此能力有限，而且並非所有資訊都被公開或被妥善解讀，所以每個經濟決策都可能充滿盲點，這就是資訊不對稱所要探討的重點。

此一個家庭要維持經濟，小孩生愈多，相對地生產力也愈多，尤其是男丁。當然，醫療衛生不發達也有其影響，畢竟小嬰兒容易因此夭折，所以生得愈多，愈能確保勞動來源和家庭經濟的穩定。

在經濟學中，如果所得提高，而某商品的消費數量持平或增加，我們可以說這商品是一個**正常財**；同樣情況，消費數量卻減少，則稱為**劣等財**。以台灣為例，現代家庭的收入和生活水準，其實比起六十年前高出許多，但小孩子卻愈生愈少，難道小孩是劣等財嗎？嚴格說起來，這是一種統計學相關性的迷思。所得變動看似與出生率成反比，其實兩者並不直接影響。換句話說，如果小孩真是劣等財，為什麼絕大多數的人都認為，在財力允許之下，絕對會生小孩呢？可見小孩還是屬於正常財貨，而唯一能解釋需求量減少的原因，就在於生小孩的成本變貴了。

我們試著列舉從懷孕到小孩念國小這七年期間的主要花費：醫院產檢、坐月子、奶粉、尿布、各種嬰兒用品、保母或育嬰中心、醫療、幼稚園等，這些項目跟六十年

經濟學小詞典

➲ **公平交易委員會**：其實各個國家都有這樣的行政組織，公平交易委員會為我國競爭政策與公平交易法的主管機關，依法掌理擬定公平交易政策及法規，並調查處理事業各種妨礙競爭的行為，包括獨占、結合及聯合等限制競爭行為及不公平競爭行為。

前戰後嬰兒潮相比，是不是多出了相當多的開銷呢？這些是顯性的成本，另外還有機會成本，例如請育嬰假留職停薪所失去的收入、懷孕期間求職困難度大增，以及產後面臨去留的困擾等。這些現象在農業社會相當罕見，更不用說孩子進入小學之後的各種教育費用，比起過去實在多出太多。此外，過去孩子可能養到十五歲，就必須投入勞動市場，現代卻拉長至二十三歲左右，這也讓現代父母喘不過氣來。

這些成本通通加總起來，不難理解現代養一個小孩的費用，可能比過去還要多上數十倍。換句話說，過去養十個小孩的所得負擔，或許和現代養一個小孩的所得負擔是相同的。不過，這些花費真的有其必要嗎？沒有一定的答案，但和各種商業手法、廣告等必定脫離不了關係。其實這也是一種過度競爭和資訊不對稱所帶來的結果。

平心而論，要提升生育率，政府的各種補貼多半只是杯水車薪，效果非常有限。畢竟無論是外顯成本或機會成本，生育成本只會逐年增高；也就是說，現在的補貼對以後的新婚夫妻而言只會變薄，成本終究還是會回到原點。如果補貼跟著等比例放大，長期而言恐怕還是會拖垮財政，排擠其他預算。這世上幾乎沒有人能事先精準地準備一桶金，讓將來小孩從出生到工作完全靠這筆錢來支出。每對夫妻在生小孩之前，都早有心理準備和未來的自己借貸。因此，將重心放在確保勞動條件的合理、經濟和物價的穩定，以及生活品質的進步，才真的有辦法讓生育率回到正常的成長。

重點Snapshot 孩子不是劣等財！現代人不生小孩是因為比過去增加了相當多的成本，特別是機會成本。

愛情經濟學

「問世間情為何物，直叫人生死相許。」愛情難得且脆弱，但價值無以比擬。熱戀者往往拋頭顱灑熱血，像革命分子對自由社會的渴望，這也是愛情迷人之處。

愛情這個供需市場很有趣，站在男生的立場，當我們扮演愛情需求者的角色，能提供給我們愛情的女孩其實很多；但對這些供給者而言，這不是一個完全競爭市場，反而是**「獨占性競爭」**，因為每個供給者都是那麼地不同，甚至需求者對於女孩也有自己的偏好排序（見表三）。

雖然有了排序偏好，愛情卻不是用價錢取得的商品。我們追求的女孩，其實同時扮演著愛情需求者的角色。簡單來說，她們也有一張自己的偏好排序（見表四），全憑男孩付出多少真心來改變順位。當彼此的順位都來到第一位時，這樁愛情就成交了。

有了這樣的排序，愛情的代價就得以分析。對Z男來說，為了追到B女孩，外表可能需要打點一下，以提升自己的品味。幽默感的部分，Z男必須花點時間收集笑

表三：模擬追求者Z男的需求偏好排序

	外表身材	內在談吐	相處狀況	競爭人數	評估順序
A女	3	2	1	5人以上	3
B女	2	3	3	無競爭者	1
C女	2	2	2	2人	2

表四：模擬B女孩的供給偏好排序

	外表	學識談吐	幽默感	溫柔體貼	評估順序
X男	3	2	2	2	2
Z男	1	2	1	3	3
Y男	2	3	3	2	1

話，或者多買一些講話技巧的書來充實自己。如果行有餘力，可以多進修或攻取碩士學位，以增加自己的知識。當然，最重要的是這些改變要讓B女孩看到，所以除了上述的支出，約會或臉書互動就是固定的成本。最後，就可以像詩人徐志摩所說的：「愛情得之我幸，不得我命！」

這些作為看起來似乎很理性，但現實生活中，不太可能這麼具體地表列出這些擇偶條件。所以，資訊的不對稱造就了愛情的盲目。另一方面，因為愛情無價，人們願意付出任何代價。例如Z男在不知道

大師語錄 我不許你未來，我許你整個人。——徐志摩

對方條件的情況下，可能將這些愛情成本投資在溫柔體貼上，然而這並沒有辦法提升他的順位，結果就是換來好人卡一張。還有一個常發生的問題，Z男很正確地投資在外表品味上，但是花了很多錢之後，分數雖然提高了些，卻還是繼續砸錢進去，邊際效益於是開始遞減，最後歸零了還不自覺。之所以「生命誠可貴，愛情價更高」，代價就是這麼累積出來。

愛情雖然讓人不理性，但追求過程中應該要提醒自己保持理性。當邊際效益遞減，就像Z男若突然愛漂亮了起來，有時反而會讓人不自在和感到恐懼，這時就要趕緊收手。至於追求方式正確與否，也應該時時檢討，好比太多的溫柔體貼可能造成對方的困擾，而被扣分。當然，一個理性的追求者應該想想同樣投入這些成本，說不定追A女孩反而有更大機會成功。不過，若追求者沒有以「真誠」為出發點，而是抱著騎驢找馬的心態，別忘了，在資訊不對稱的市場裡，將會付出極高的負面外部成本。

雖然愛情往往讓人付出很大代價，但在追求的過程中，那種惆悵、感傷、化身為詩人的憂鬱，和嚮往鐵達尼號般的浪漫，始終扣人心弦。即便可能是一次又一次的獨腳戲，這些回憶才真的是至死不渝的永恆價值。

3分鐘 重點回顧

❶ 對於景氣循環的高低，通常會用年與年之間的GDP增減變化率，也就是經濟成長率表示。GDP通常只表示交易活動熱絡、購買力強等，並不代表經濟和生活品質很好。

❷ 每個社會都存在一定的失業比率，這就是自然失業率。壓低失業率使其等於自然失業率，就可以說是充分就業的社會。

❸ 通貨膨脹就是物價在某段時間內持續上升的一種現象。當一個國家的GDP持續成長，也就是國民所得持續增加，便會帶動需求上升，進而導致通膨。

❹ 在經濟政策上，每個政府都在追求溫和的通貨膨脹，試圖避免停滯性通膨及通貨緊縮。

❺ 經濟離不開貨幣，掌握貨幣供需，就有影響經濟的能力，而影響關鍵在於利息。央行的每項決策都會導致利息的變動，並由此調節貨幣供給，這些決策統稱為貨幣政策。

❻ 量化寬鬆政策是一種新的貨幣政策，透過公開市場操作方式，將一定數量的貨幣直接投入市場。簡單來說，就是一種間接印鈔票的行為。

❼ 匯率來自於國家之間的貨幣交換，依據各國的貨幣價值，由市場買賣來決定。

❽ 經濟學一般把匯率政策分成固定匯率和浮動匯率兩種。前者指央行緊盯某國匯

率，絲毫不讓匯率變動；後者則完全交由市場決定。

9. 央行干預外匯市場的方式，一是直接在外匯市場上進行買賣，二是採用貨幣政策。

10. 外匯存底高低並不是國力強弱的絕對指標。過高的外匯存底有資本流動趨緩等問題，過低則有匯率風險和國債支付能力等問題。

11. 關於景氣循環，實質景氣循環理論認為造成景氣波動的來源是實質的衝擊，例如石油危機、戰爭、罷工等因素。此外，還有根據建築業景氣所作的景氣循環分析如庫茲涅茨週期、根據企業生產銷售和庫存所作的基欽週期，甚至根據選舉年分來分析的政治經濟循環理論。

12. 二〇〇七年金融海嘯起因於美國次級房貸的貸款浮濫，大火延燒到了歐洲，造成歐豬五國債券危機，讓整體歐盟瓦解的壓力一觸即發。

Day 06
Weekend

週末

放下書，用經濟學聰明買房

-Practice-

買屋、賣屋，先搞懂經濟學！買房不必是衝動消費，活用經濟學觀念，隨時保持理性，不僅不容易上業者和廣告宣傳的當，更能幫助你做出最「經濟」的選擇。

買房陷阱多，如何聰明選擇？
——經濟學教你當個理性經濟人

步入現代社會後，買賣房地產一直都屬於金額相當龐大的交易，也是一樁牽涉到許多地方法規、稅務、糾紛的交易。不管是窮人也好，有錢人也罷，在買賣房屋時，沒有人不睜大眼睛，隨時讓自己保持理性。

只要有理性的判斷可循，在房地產市場的詭譎氣氛中，我們就不難用經濟學抽出蛛絲馬跡，讓自己當個理性的旁觀者，簡單釐清自己的供需利弊，也可以咀嚼一下房產交易的有趣現象。

第一步 了解土地的發展故事與價值

房地產事實上包括**房屋**和**土地**兩樣物件，先讓我們從土地的故事講起吧！

在商業尚未發達的年代，在台灣買房是為了安家立業。隨著經濟發展快速，買房除了原本的目的，還多了投資致富的投機功能。因此，高房價是人類發展的必然悲劇，充分顯示了土地稀有性和市場經濟的特質。不過，一聽到**稀有性**，難免不自覺地會挑起經濟學的神經，尤其買房是個大筆金額的花費，這條理性神經必定更加緊繃。

（一）地價的由來

先把時間拉回到兩百年前的農業時代，當時因為人口稀少，許多人願意往偏遠地方開拓定居，像美國東岸的人口往中部地區屯墾。台灣在荷蘭殖民之下，也由台南一帶往北發展。當時世界各國都有幾座規模大小不一的商業城市，但對於大量的務農人口來說，住在城市沒有意義，一來無法大面積種植農作物，再者農耕環境不見得適當。但為了節省農產品運銷至城市販賣的管銷成本，務農者多半會遷移至離城郭不遠

大師語錄 發掘自己的心中之尺，暫時放下市場之尺。——張金鶚

的土地來耕種。所以許多主要的大城市附近，多半會伴隨著農村聚落，像艋舺是台北最早期的市中心，往外推有大稻埕、六張犁、埤頭、三張犁，更外圍有五分埔、後山埤等農耕地區，從其地名就可知與農耕灌溉有關。

一個地區生活穩定之後，人口就會逐漸增加，土地會繼續向外開拓；當然，城市也會向外擴張。就像台北市一樣，大稻埕本來只是曬穀場，隨著艋舺的商業擴張，在日治時期被劃為城內。都市擴張使得住在城市的人開始向外圍農夫收購土地，土地交易於是很自然地出現了。

當時城郭外的土地多半是祖先開拓而來，或者早期無主占有，根本無法計算實際購置的金錢成本。但是對一個農夫而言，還是有機會成本的考量，這成本就是這塊土地每年帶給農夫的產值。假設這塊土地一年可以生產高麗菜五百棵，一棵淨賺十元，農夫失去這塊土地的機會成本，就是每年五千元。另外，農夫心裡還會盤算找到下一塊農地的成本，例如可能需要搬遷交通費用、開拓費用，而開拓也需約兩年時間。於是農夫的總機會成本就是：**五千×二（年）＋開拓費用＋交通費**

經濟學小詞典

➲ **稀有性**：指經濟社會人類欲望無限而資源有限的本質，為基本的經濟問題，促使競爭及選擇出現。經濟學的目的，就是要解決有限資源配置的問題。英國經濟學家萊諾·羅賓斯（Lionel Robbins）就此提出一個經典的經濟學定義：「研究如何運用各種具替代用途的稀有資源之學問。」

用。換句話說，零零總總加起來，要向農夫購買這塊土地，至少要一萬多元，才有機會達成交易。

然後，隨著資本發達、工業技術進步、蓋廠房及蓋新屋需求增加等等，土地的需求愈來愈大，甚至農夫們也會捨棄務農，將土地轉成更有商業價值的工廠。接著，公共設施像是水電、瓦斯、馬路的興建，都使得放棄一塊土地的機會成本快速地上升。

從這樣的發展歷史來看，不難發現土地最原始的價值，來自於賣地者對於放棄這塊土地的機會成本，其實也就是**土地收益**。換句話說，會影響土地收益的軟硬體建設，都會墊高地價。按照這個邏輯來思考，我們大致可以歸納幾個影響地價的因素，包括分區用途、交通、公設、工商狀況、自然環境條件、其他生產價值等。再從這些原因來分析，不難發現土地收益會上升，也有可能下降。像是台北市天母中山北路七段一帶逛街人潮銳減，導致店家利潤這十年來平均下降了許多，許多店面都降價求租，就是土地收益下降的實際例子。

（二）地價總是一路向上

從上述的說法聽起來，土地價值應該高高低低才對，那麼為什麼全世界的地價幾

重點Snapshot　土地最原始的價值，來自於土地收益。

乎都是一路向上，似乎很難回頭？這與**土地特質**和**貨幣問題**有很大的關係。

基本上，土地是不折舊的，不像豪華名車一買來價值瞬間砍半。因此買下土地後，就算不生產而將其閒置，下次轉手賣出時，自然而然可將當初的購入價格當成固定成本來定價。也就是說，正常人不會讓土地出售價格低於當初的購買成本，除非本身有經濟上的壓力，或土地環境發生重大變遷，如核災、土石流等。這就是土地特徵所帶來的價格影響。

另外就是通貨膨脹了。之前提過因為市場永遠存在著利息，通貨膨脹的現象是必然的。換句話說，現在的一百元等於未來的一百一十元。這項成本反應在固定成本身上，就是說當初用一萬元買的土地，現在如果要賣出，必須加上通膨，才能得到原本付出的價值。正因為通膨和土地不折舊的必然現象，價錢容易往上或持平。但是我們在購買房地產時，價錢卻仍高高低低，這就要牽扯到**建築物的價值問題**了。

圖解：土地價值圖

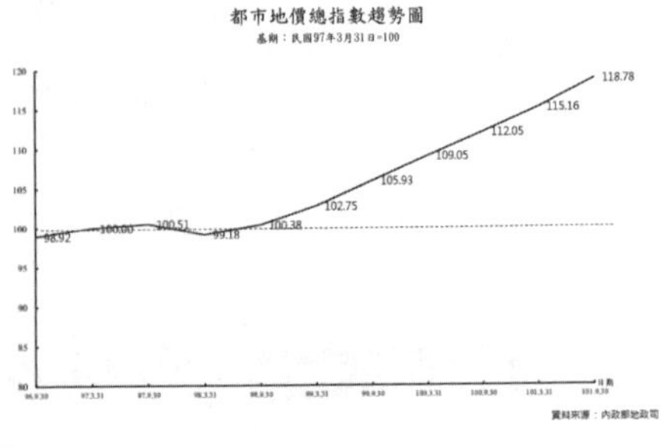

第二步

了解建築物的價值

要有經濟價值，土地上一定會有地上物設施，哪怕是用來做停車場，也要有簡單的柵欄；買來當夜市，也會有餐車、廁所等水電基本設施；就算是農地，也有簡單的農舍推放器具，不可能住台北市卻又每天開農具機到南部耕田。而這些地上物設施，就是廣義的建築物。買了土地之後，建築物就是我們下一步要付出的成本。

這裡先排除政府公共設施不談。建築物本身就跟一般商品一樣都具備功能性，此外，量體大小、外觀設計、建築物外部性價值、建造品質、建材品質、內部使用空間設計等，都是建築物本身價值的基本因素。也就是說，商人在賣房子時，就跟賣手機的廠商一樣，上述成本都會反映在價格之上。舉例來說，一〇一大樓建築的獨特性，使得裡頭商店的每坪租金遠高於不到五十公尺外的百貨公司，這就是因為一〇一大樓的建築成本比較高，而它的獨特性確實吸引了相當多的商機。

不過，這些建築物的價值和土地非常不一樣，它們會隨著年紀增長而折舊。也就是說，如果鋼筋水泥的壽命是五十年，在都不維修的情況下，一〇一大樓五十年後可

大師語錄 決定房地產價值的，第一是地段，第二是地段，第三還是地段。——李嘉誠

能會被判定為危樓，還會拖累附近建築，到時只剩下建築藝術價值，店家則會一哄而散。所以建築物價值和土地價值剛好相反，大多數的建築物價值最後會歸零，完全只剩土地價值。這也是為何都市更新的推動，在一個先進國家中是件非常重要的事，否則建築物老舊所帶來的經濟傷害是很巨大的，特別是商業區。

因為法令的規定，一塊土地上面的建築物所提供出來的空間，是有侷限性的。以台灣法規來說，有著**建蔽率**六〇％（一塊土地可以用來蓋建築物的使用面積比率）、**容積率**三〇〇％（建築物所有樓地板面積總和與土地面積的比率）的限制。舉例來說，一塊一百坪的土地只能使用六十坪，但可以往上蓋三層樓。因此，建築物和土地都具有稀少的使用性質。許多高級地段會用來蓋大坪數的豪宅，就是看重這個特性，當然價錢也不斐。

另外，建築成本通常十分昂貴，而且需要一段時間才能完成，這中間也會因為物價通膨而影響成本。基於以上幾項特性，除非大財團有資金可以買地並自己設計建築物，否則一般民眾買賣房地產時，通常都包含了這些建築成本在裡面。

可見一般房地產交易，沒有將建物和土地價值區分開來，消費者需要足夠的資訊以自行判斷。另一方面，我們也要審視自己的需求，不能人云亦云。

第三步

破解住宅房地產的需求迷思

人生基本六大需求是：食、衣、住、行、育、樂。我們一生當中，不管是自己或朋友，一定曾有過買房的念頭，特別是小家庭觀念盛行之後，擁有自己的房子變成一種新的社會文化。但真的每個人都需要買房嗎？又該怎麼當個理性的經濟人呢？

（一）迷思一：買房能保本，又可以獲利？

坊間許多書籍詳細介紹買房的訣竅，不過這不是這裡所要談的。這裡要來利用經濟學的理性思考邏輯，先檢視一個重要的購屋迷思，那就是房地產不僅保本，還必定獲利？真的有那麼好康？

購屋時，仲介業者不斷洗腦買房「保值抗通膨，還會起漲」的觀念，大多數的人也都很自然地把這個期盼放在第一位，因為這樣的印象可以讓自己鼓起勇氣下手，畢竟保值的意思就是：我根本不會虧本！所以，何樂而不為呢？

回想一下房價和地價的背景，地價通常會隨通膨而上升，不易下跌；房價就是建

重點Snapshot 一般房地產交易，沒有將建物和土地價值區分開來。

築物，最後一定會面臨折舊價值歸零的問題。

以購買自用住宅為例，住宅並不是一個具有實際生產價值的地方，而是提供個人休息、休閒及家庭功能的場所。然而，地價的基礎來自於土地收益；也就是說，當這塊土地蓋滿了住宅，土地收益並不會有任何增加。因此，當我們期待「地價上漲」時，其實只是在期待房屋其他周遭的軟硬體設施來提升地價，像是開路、公園等。這也是國父孫中山先生在三民主義裡頭提到的「**漲價歸公**」概念，因為漲價並非出於自身的努力，反而多來自其他資源的挹注。不過在等待這些資源投入的時間當中，我們的房子會遇到折舊問題。房屋折舊的價值如果大於土地通貨膨脹，最後還是有可能賠錢。

這種虧損現象在短期一、兩年，甚至五、六年內比較常發生，因為**房子剛開始的折舊速度比較快**。舉例來說，不難發現以一坪三十萬的價錢買了新成屋之後，一年後賣出大約還是在三十萬左右，且不管在哪個區位都一樣。這不是因為地價沒變動，而是因為房屋折舊抵銷地價變動的關係。所以如果景氣不好，也就是通膨較弱，特別還

圖解：

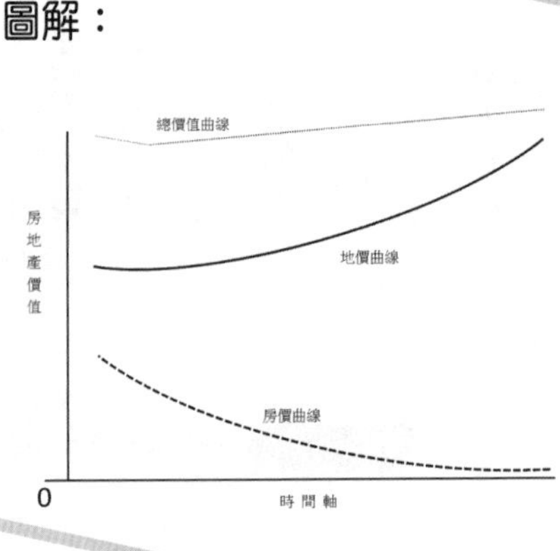

有貸款要還，如果以「保本兼獲利」為出發點，恐怕短期會事與願違。除非景氣大好，或者推銷力道足夠，才有可能逆轉短期局面。

所以「保本兼獲利」必須是**長線**的心態，畢竟就長線來說，建築物價值即便歸零，因為土地通膨通常較高，時間拉長至十五年以上，要達到「保本」基本上並非難事。更何況長線也有很大的機會增加許多建設，像是捷運或高鐵等。但長期經營有個很重要的前提，就是要**隨時檢視房貸利率**，不要讓利息吃掉地產的增值。

不過，每天惦記著這些大型建設也不太正確，況且趁著獲利賣出，到頭來還是要再買一間入住，所以購買自用住宅的朋友，最重要的還是要注意**生活品質**。曾有一則網路笑話這樣說：「買在芝加哥，一億台幣，密西根湖畔盡收眼底；買在台北，一億台幣，觀賞建國高架。」姑且不論兩座城市的經濟背景差異等，這笑話不僅點出台北房價過高的炒作事實，也等於是諷刺追求奢華卻不懂品味的有錢人，更可見生活品質對於住宅的重要性。

（二）迷思二：交通方便是首選，還是廣告噱頭？

交通建設往往是影響一塊土地價值最重要的因素，因為我們在土地上有所生產，

重點Snapshot 地價上漲不是因為這塊土地蓋滿了房子，而是出於周遭軟硬體設施的提升。

這些生產要能交易，就需要交通。當初北宜高速公路開通之後，宜蘭的人口和地價都有顯著增加，就是很好的例子。

但市面上許多建案廣告都會強調「距離某某交流道只要五分鐘」、「緊鄰××捷運站」、「只要二十分鐘直達市中心」等等，在這些誘人的廣告詞裡頭，我們應該反思：交通方便，我得到什麼，又付出了什麼代價？

我們考慮交通機能時，多半會以自己的生活圈為主要考量，例如朋友和工作都在台北市區，就有「方便」到市區的需求。但是，方便了之後，我們會減少對交通工具購買的需求嗎？顯然不會，因為即便住在市中心，買台摩托車還是相對方便，而買車的動機也不會因為交通方便而改變，反而會增加動機。另外，交通方便之後，我們平常固定支出的交通成本會減少嗎？這也未必，要看搭乘的交通工具而定。

一般人對於交通方便的好處，多半鎖定在「節省時間」這一觀念上。當然，建商也一定會將此轉嫁至房屋價格身上。節省時間沒有不好，但重點是這些因為方便而加諸的成本，購屋者往往會忽略思考。舉例來說，距離交流道五分鐘有一個建案A，每坪二十萬，共二十坪；距離交流道十分鐘有一個建案B，每坪十五萬，共二十坪。若都打算居住二十年，且其他環境條件幾乎一樣，選A等於多花一百萬換取節省每天來回交流道的十分鐘。二十年下來，一共節省了七萬三千分鐘，平均每節省一分鐘的代價高達近十四元！也許對特定人士來說，每天省十分鐘很重要，但一般人在購屋時，應該要仔細想想自己的效用。

最明顯的例子就是捷運附近的房子，許多仲介最喜歡賣這種房子。雖然台北市有捷運，去哪裡都很方便，但根據實際狀況，捷運附近的住宅價錢會比離捷運五百公尺外的同等房子每坪多出十%至十五%，這些還未將捷運人潮或捷運帶來的噪音成本算入。其實買屋前實際走一遭，會發現並不需要為了少走五百公尺而多花一、兩百萬，況且走路會帶來健康外部效益。

鄰接車站等地方的房價會貴有其道理，畢竟人潮匯集的土地很適合商業用途；如果拿來當住家，住戶當然要支付較高的價位，填補房地產持有者喪失的機會成本。倘若今天是要投資，也許值得試試看；若是自用住宅，就真的要想一想了。

所以「交通方便」，要考量的不應該是「省幾分鐘」，而是衡量「到達重要地點的交通工具，是否具備多樣性及時間合理性」，才能真正判斷出該地點的價值，否則很容易上房屋廣告的當。其實歐美等國，地鐵車站附近的房子都相對便宜，更很少有人會買在市中心。思考一下這文化差異，也能打破廣告迷思。

重點Snapshot 交通建設是影響土地價值的最關鍵因素。

（三）迷思三：房地產也有歧視經濟效益？

歧視經濟學是芝加哥大學教授貝克（Gary Becker）所提出，旨在強調人們常會因為一些印象或偏好，而給予不公平的經濟結果。例如第一名模林志玲和犀利人妻隋棠兩人都很漂亮，難分軒輊，但廣告代言費兩者還是有差異存在。

建商、仲介商為了能讓房屋價值提高，其實很用心在塑造區域形象，刻意去增加歧視經濟的效應。例如只要掛上大安區三個字，就是比隔壁信義區來得有價值，即便只隔一條不到二十公尺的馬路。此外，筆者曾經聽過一則最扯的新聞，就是台北市軍功路改名為和平東路四段，房屋仲介商立刻將每坪加價五萬元。這些怪異現象在房地產市場統稱為「**門牌效應**」，其實就是一種歧視。

賣屋者都會企圖營造一種地域性的優越感氛圍，例如住大安區聽起來就是比住萬華區有身分地位，但其實別忘了，萬華有鄰近青年公園的好地方，而大安區有價值一億元卻只能觀賞建國高架橋的豪宅。這種歧視的好處，除了可以把價錢往上哄抬之

經濟學小詞典

➲ **歧視經濟學**：指市場因個人特徵（包括種族、性別、年齡、宗教等）不同而提供不同機會的歧視現象，反映出個人或社會群體的某些偏見。經濟學研究歧視對經濟的影響，力圖分開真實情況與假象。

外，對於土地收益或建築物價值其實一點作用也沒有。換句話說，它們無時無刻在創造地產的明星。披上明星光環的地區當然有理由將價錢往上調，就像產品找了天王歌手代言，售價就是貴。

還有一種歧視的手法，叫作「**學區效應**」。許多售屋廣告都會出現「緊鄰××學區」字樣。誠然，望子成龍望女成鳳，就像孟母三遷一樣，家長都會希望孩子能有好的學習環境，也希望家裡附近是個有校園陪伴的好地方，但這樣的心態就讓業者有歧視的空間來操作，特別是十二年國教開跑之後，業者更是誇張。像是台北市建國中學的學區附近就漲了一至兩成，但坦白說，建國中學過去是好學校沒錯，因為它收了許多成績優秀的學生。開放十二年國教之後，初期因為還有考試進來的名額，所以整體成績還是會很突出。隨著學區名額逐年開放，長期來說，建中終究會被平均，就像現在各級國中一樣，有差別，但差異不若高中。

比較殘酷的一件事是即便買了明星學區，孩子的成績或品德就會比較好嗎？買了明星學區之後，父母往往以為付了更高的教育成本，卻忘了家庭教育才是孩子學業和品德的基礎，於是把教育責任推給學校。這就是明星學區所帶來的道德風險，最後可能導致孩子功課和品德都無法提升。

重點Snapshot 門牌效應與學區效應，都是建商為了哄抬房價所使出的歧視手段。

照經濟學理論來說，門牌效應會在市場機制下價格重新回到均衡點，因為這些作為屬於穿鑿附會的外在短期影響。學區效應則因為學校屬於實體的公共建設，確實對於土地價格有一定的影響力，但每個地方都有屬於自己的學區，理論上也不應該有歧視的價格。顯然實際狀況不是這樣，這就是土地稀有性的最大特性。簡單來說，每塊地都是空間上的獨占競爭。獨占會有供給不足的現象發生，所以供給者往往就是「你不買還有別人要買」的心態。等到供給者有現金壓力時，才有降價回到正常的可能。另一方面，政府也不願管理，總是拿「尊重市場機制」大旗在揮舞，聲稱一個願打一個願挨。

不只文中所說的這兩種歧視經濟，業者還有許多花招，靠著廣告替消費者洗腦。身為消費者，應該要懂得跳脫這些歧視經濟的迷思，在政府無法可管的情形下，多多比較附近的成交價格及歷年變化，理性分析此刻價格是否參雜了這些歧視價格在裡頭？你是否能夠接受？一番思考之後，再決定是否購買。

追求迷信的結果，就是鐵定被敲竹槓。最可怕的是許多人誤以為買房子鐵定保本，下次賣房子時，一定可以從這個價錢起跳，於是什麼明星學區、門牌效應照單全收，最後成了冤大頭。

第四步 花時間去除資訊不對稱，聰明買房！

在金融財務上，我們很容易自行計算和理解，無論是房貸或之後裝潢翻修等的花費，相信在購屋前我們都有心理準備。但有些狀況卻是防不勝防，有時候來自售屋者的隱匿，有時則是靠自己的知識背景難以釐清。

各國房地產的交易都有自己的規則，像中國土地就不是私人能擁有的，日本用優惠土增稅鼓勵長期持有自用住宅，而台灣則有自己的奢侈稅。這些遊戲規則多如牛毛，相信很少人能夠全盤了解，可是這些難以理解的訊息，或建商仲介商沒告訴我們的事，都潛藏著極大的殺傷力。

資訊不對稱一向有暴利可圖，所以售屋者一定會隱匿對房價不利的訊息，尤其是愈舊的房子，往往故事愈多。新房子也不遑多讓，例如許多建案都會說自己採用ＲＣ鋼骨結構等，其實ＲＣ也分許多等級，一般消費者根本無從知道，但這些被隱匿的訊息，都變成了購屋者的隱性成本。個人的力量很難逆轉資訊不對稱的劣勢，而往往法律訴訟成本過高，賠償無門，讓售屋者或仲介商大占便宜。這些暗藏殺機的購屋糾

重點Snapshot 最常見的購屋糾紛是施工糾紛、房屋漏水及契約審閱權。

紛，最常出現的大概有「施工糾紛」、「房屋漏水」及「契約審閱權」。

理論上，資訊不對稱的發生，必須重新擬定一套制度，讓雙方都有誘因去揭露訊息。像是近年流行的**實價登錄制**，就是一種避免賣方胡亂抬價的方法。另外，像購屋的**定型化契約**，也能減少資訊問題。不過台灣目前減少資訊不對稱的法規還不夠完善，甚至法官並無專業房產知識背景。購屋者在購買前一定要針對細節再做確認，甚至可以耍一點心機。

筆者曾經接觸過一則糾紛案例：房屋仲介商宣稱有一年漏水保固，保證修到好。A先生放心地買了之後，不出一個月因為颱風天，整間房子大漏水無法住人。房屋仲介商第一次很有良心地請了師父來修繕，但過沒幾天，午後雷陣雨一來，房子又漏水了。這時房屋仲介商就說：「我確定你的房子漏水我們修好了，但這次漏水的地方是你跟樓上住戶的交接處，並不屬於我們的保固範圍。」於是A先生告上了消保官，後來以一百萬和解。

俗話說得好，魔鬼都藏在細節裡。這些小事情若在簽約前沒有講好，買了之後，煩惱少則數月，多則數年甚至一輩子。而損失的不只是金錢，這些糾紛帶來的負面外部效益才是最難估算的成本。

3分鐘 重點回顧

❶ 房地產包括房屋和土地兩樣物件。高房價是人類發展的必然悲劇，充分顯示了土地稀有性和市場經濟的特質。

❷ 土地最原始的價值，來自於賣地者放棄這塊土地的機會成本，也就是土地收益。

❸ 一般房地產交易沒有將建物和土地價值區分開來，消費者需要足夠的資訊自行判斷，另一方面也要審視自己的需求，不能人云亦云。

❹ 住宅並不是一個具有實際生產價值的地方。我們期待地價上漲，只是在期待房屋周遭的軟硬體設施來提升地價，像開路、公園等。

❺ 交通方便所要考量的不應該是省幾分鐘，而是到達重要地點的交通工具是否具備多樣性及時間合理性，才能真正判斷出該地點的價值。

❻ 建商、仲介商為了能讓房屋價值提高，相當用心在塑造區域形象，刻意增加歧視經濟的效應，例如門牌效應、學區效應等。

❼ 資訊不對稱一向有暴利可圖，所以售屋者一定會隱匿對房價不利的訊息，尤其是愈舊的房子，往往隱藏得愈多。

❽ 資訊不對稱必須靠重新擬定一套制度，讓雙方都有誘因去揭露訊息，像是實價登錄制、購屋的定型化契約。

國家圖書館出版品預行編目資料

今天學經濟學了沒／張昱謙著. --初版. -- 臺北市：商周出版：家庭傳媒城邦分公司發行, 民102.03
面；　公分.--（超高效學習術；17）

ISBN 978-986-272-341-8（平裝）

1. 經濟學

550　　102003507

超高效學習術 17

今天學經濟學了沒

作　　者／張昱謙
責任編輯／葉咨佑
版　　權／翁靜如
行銷業務／李衍逸、蘇魯屛
總 編 輯／楊如玉
總 經 理／彭之琬
發 行 人／何飛鵬
法律顧問／台英國際商務法律事務所　羅明通律師
出　　版／商周出版
臺北市中山區民生東路二段141號9樓
電話：(02) 2500-7008　傳眞：(02) 2500-7759
E-mail：bwp.service@cite.com.tw
發　　行／英屬蓋曼群島商家庭傳媒股份有限公司城邦分公司
臺北市民生東路二段141號2樓
書虫客服專線：(02)2500-7718；2500-7719
24小時傳眞專線：(02)2500-1990；2500-1991
服務時間：週一至週五上午09:30-12:00；下午13:30-17:00
劃撥帳號：19863813　戶名：書虫股份有限公司
E-mail：service@readingclub.com.tw
歡迎光臨城邦讀書花園　網址：www.cite.com.tw
香港發行所／城邦（香港）出版集團有限公司
香港灣仔駱克道193號東超商業中心1樓
電話：(852) 25086231　傳眞：(852) 25789337
E-mail：hkcite@biznetvigator.com
馬新發行所／城邦（馬新）出版集團　Cité (M) Sdn. Bhd.
41, Jalan Radin Anum, Bandar Baru Sri Petaling,
57000 Kuala Lumpur, Malaysia.
電話：603-90578822　傳眞：603-90576622
E-mail：cite@cite.com.my

封面設計／江孟達
排　　版／浩瀚電腦排版股份有限公司
印　　刷／韋懋印刷事業有限公司
總 經 銷／高見文化行銷股份有限公司　電話：(02)2668-9005
傳眞：(02)2668-9790　客服專線：0800-055-365

■2013年（民102）3月7日初版1刷　Printed in Taiwan

定價／240元

978-986-272-341-8

城邦讀書花園
www.cite.com.tw